ANGEL WEALTH MAGIC

天使招財魔法

Simple Steps to Hire the Divine &
Unlock Your Miraculous Financial Flow

11天建立與金錢的靈性關係
17個練習化身金錢磁鐵

科琳・葛利羅 Corin Grillo 著　非語 譯

各界讚譽

「科琳．葛利羅與天使們的關係很有感染力啊！當科琳的作品進入我的人生時，我以為我已經在與天使們合作了，但是科琳的作品證實，天使界有不少層級，而且我的人生如今在更高的層級與天使們的恩典一起炸裂。我每天都震撼不已啊！」

——真相追尋者（TruthSeekah）
作家、播客、嘻哈藝術家

「科琳．葛利羅的《天使招財魔法》提供一條鏈結，使人醒悟到你的靈魂與生俱來的權利——靈性的富足。運用本書概述的循序漸進的練習以及意念的力量，你將會擁有天使界作為你創造財富自由的盟友。科琳慷慨地分享她與天使界連結的方法。」

——瑪格麗特．安．藍博（Margaret Ann Lembo）
《每日天使必備指南》（*The Essential Guide to Everyday Angels*）作者

「科琳．葛利羅規劃出一張路線圖，消滅自我懷疑並在通向財富的沿路保持專注與清明。《天使招財魔法》等於是作為靈性企業家的你所從來不知道之你所需要的一切。對於冀望走在個人與專業擴展路徑的每一個人來說，它是必讀之作。你一定希望它唾手可得！」

——萊札・羅伯遜（Leeza Robertson）

《美人魚塔羅》（*Mermaid Tarot*）作者

「《天使招財魔法》提供心智擴展的解決方案，我們每一個人都需要這些方案才能創造真實、持續的財富。若要輕而易舉、有力量、有目的地建立並維護內在和外在的財富，它是強而有力的資源。」

——凱特・埃克曼（Kate Eckman）

《完整的性靈鍛鍊》（*The Full Spirit Workout*）獲獎作者

「上天的幫助是仁慈的宇宙提供的無條件贈禮。在你深入發掘上天豐盛地提供給你的資源時，科琳・葛利羅的輕鬆方法將會快速啟動你在財富方面的努力。我喜愛科琳同時帶來神聖和實用的方法。她將會幫助你喚醒你的真實本性和與聖靈合一共同造就的魔法。」

——琴・史雷特（Jean Slatter）

《聘請老天》（*Hiring the Heavens*）作者

兼「高階指引人生教練」（Higher Guidance Life Coach）認證課程創辦人

「《天使招財魔法》是滿滿重要資訊的宜人指南，適合希望享受我們的最佳物質保障陪伴的人們。科琳．葛利羅寫了一本美妙的書，讓我們可以『運用神性願意提供的一切美好，領受有可能最大且最好的收穫』。讀者們——好好享受每一個奢華的字詞喔！」

——黛比．達欽格（Debbi Dachinger）

國際暢銷書作者、獲獎播客節目〈與黛比．達欽格一起敢於夢想〉（Dare to Dream with Debbi Dachinger）主持人、媒體訪談教練

「科琳．葛利羅為我們帶來一本循序漸進的指南，在最高層級顯化財富。她讓我們看見，透過與天使合作，我們可以療癒並創造空間，允許我們最神奇的探險在此人世間展開。《天使招財魔法》提供清新的視角，讓人看見天使對我們的日常生活造成的影響。它將會轉換你的財富視角，將你校正好，對齊我們每一個人都可以擁有的最大魔力，也就是『聖靈』。」

——比爾．菲利普斯（Bill Philipps）

《防患於未然》（*Expect the Unexpected*）與《靈魂探索》（*Soul Searching*）作者

本書獻給我的所有家人，

包括：我的血親、我的靈魂家族、我的無形家人——

我的天使們、我的祖先們、我在大自然界的盟友。

感謝你們賜予我力量，讓我長壽到足以服務他人。

就連我不知道該如何愛自己的時候，你們依舊愛我，而我永遠感激。

目錄

第二部——十一天財富儀式 185

前言——

魔法是你與生俱來的權利

歡迎來到天使招財魔法的奇妙世界！無論你是從事朝九晚五的工作、是企業家，或是剛剛邁出變得比較財富自主的最初幾步，在這本書中，你將會發現如何發掘你內在的神性靈力，如何聘請天使與靈界盟友來解開你下一層級的財富。假使你正在尋找有創意且動人心弦的解決方案，以便招來亟需的現金、增長你的銀行帳戶和你的業務、以神奇的方式建立永續的財富，那麼你已經得到指引，找到了適合的書。

你將在此學到的魔法並不是賭城拉斯維加斯的雜耍魔術。它是傳統魔法，根植於幾千年來求道者、玄祕學家、魔法師的實務。它很好玩，很簡單，而且最重要的是：確實有效。

不幸的是，過去幾年來，關於魔法的負面報導甚囂塵上，而且輕而易舉地便被斥為「新時代」或「空穴來風」（woo-woo），但事實並非如此。魔法是威力強大、古老、實用的解決方案，可以破解人生中某些最為頑固的問題。幾千年來，人類利用自然而然與無形世界的強大連結，不僅在最嚴苛的環境底下存活下來，而且茁壯成長。

早期的人類明白，他們周遭的自然界不是可以被索取、剝削、征服的東西。他們體認到，活著、正在呼吸的本質被編織到樹木、動物、天空、植物、水、每一個生命之中，結合著生命的一切。他們知道，世界是活的。他們明白，這股力量是要被推崇、尊重、友好對待的。當人類與這份關係連成一氣且學會如何駕馭這股自然力的時候，他們可以得到指引，找到水、住所、食物，以及得到其他各種祝福，幫助他們一路走來茁壯成長。

可悲的是，由於諸如殖民化、唯物主義的興起、有組織的宗教打壓且妖魔化原住民的做法和魔法實務等等的影響，許多人已經失去了我們與真正魔法的天然連結。我們忘記了自己的神祕本性，也忘記了如何與「聖靈」（Spirit）一起打造真實且具支持作用的連繫。但是這一切並沒有遺失。魔法還在人世間，而且隱藏在眾目睽睽之下。它在你的血液和骨骼之中，它是你的一部分。

無論你來自地球上哪個地方，你的祖先們在某個時間點都曾經（希望現在仍是）與他們的土地緊密相連，召喚他們在靈界的盟友前來幫助他們。他們知道，土地與他們周遭慈善的神性存有在那裡支持他們，幫助他們繁榮興旺。事實上，你今天活著的原因之一就是因為這份連結。

因此，藉由學習如何與天使和其他無形盟友等慈善力量建立真正的關係，以及藉由學習如何駕馭這股美麗的力量，你也可以茁壯成長，就跟你的祖先們一樣。魔法存在你的DNA（去氧核醣核酸）之中，既然你找到了這本書，我敢打賭，輪到你憶起了：魔法是你與生俱來的權利。

不是很久以前，天使們帶我回到我自己的屬靈本性的魔力之中。我希望，透過你將在本書中找到的財富儀式流程，你也會發現自己的魔力。

天使是什麼？祂們如何提供幫助？

傳統上，天使被認為是上帝的信使。祂們的名字源自於希伯來字mal'akh，意思是「信使」。不過，我希望你知道，把天使只想成「信使」並不能完全涵蓋天使可以支持你的深度。

在傳統的西方魔法與其他神祕體系之中，人們相信，天使也可以幫助你醒悟到你自己的靈魂和神性。天使可以幫助你更真實地覺知到「神性」（the

Divine），揭露你的靈性天賦，發現你自己的神性目的和使命。與天使合作可以使你接觸到你的真實靈魂的聲音，允許你找到生命中更深層的意義。這正是天使為我做的事——以及多年來為我輔導過的無數其他人完成的事。

在本書中，你將會遇見好些我最喜愛的財富天使和盟友。幾個世紀以來，玄祕學家和魔法師曾經召喚許多這些天使和盟友，不僅為了吸引現金，而且為了創造適當的心智和情緒狀態，啟發他們將最大的夢想化為現實。我相信，你對財富的最美好和最高階願景，往往鏈結到深度的使命感和目標感。我想要邀請你現在對這個概念敞開心扉，讓你可以保有這個意念：你即將透過這個儀式履行的工程不只是吸引金錢。它也可以是一次契機，讓你好好體會更深入地詢問「你是誰」，以及「你為什麼來到人世間」，成為穿著你那件酷酷的肉身套裝的靈魂。

來自天使們的訊息

天使們希望這本書可以支持並鼓勵以心為中心的人類、領導者、教師、療癒師、企業家們發揮自己的力量，讓他們慷慨大方地以更為宏大和廣泛的方式與他人分享自己的服務和醫療。祂們希望你知道，我們生活的非凡時代需要非凡的領導者。你目前的身分可能不是領導者，但那並不意謂著你不是領導者。這個星球上有許多人私下意識到，他們在人世間是為了伸出援手、分享訊息、教導、療癒，或為他人提供某種令人驚喜的服務，讓這個世界成為更美好的地方。你對自己有這種感覺嗎？如果有，天使們希望我讓你知道，在我們得到你的關注的時候，就表示時候到了，你該要開始聆聽內在的細小聲音，也就是你的直覺的聲音——那聲音表示，你可以提供的不只是眼前所見。祂們希望你樂於接受這個願景：當你全然展現、讓自己擴展、允許自己追隨這些夢想直到它們成為現實的時候，你的人生可能會變成什麼樣子。

當我祈請天使，詢問祂們希望我與你分享的第一段話的時候，以下是在我心中激盪的低語：

這本書是一份邀請，它是來自我們（你的天使們）的邀請，邀請像你這樣美麗的人類接受人生提供給你的所有贈禮。那些贈禮之一是內在和外在的財富。我們（你的天使團隊）請你敞開心扉，放下苦苦掙扎，「同意」領受包圍你以及在你之內的豐盛。你被深深地愛著，你配得幸福快樂，我們想要幫助你。要歡迎我們進入你的人生，讓我們幫助你。

多年來與天使們合作，我發現，當祂們邀請你的時候，「同意」始終是個好主意。招募天使們支持你的夢想可以將強大的魔法帶進你的人生之中，而且，是的，甚至可以把強大的魔法帶到你的銀行帳戶。

我第一次邂逅天使時，根本不知道祂們會前來支持我、我的家人、我的目的、乃至我的現金流動到什麼程度。令我驚豔的是，我親眼見證到的某些最非凡的奇蹟都與財務有關。事實上，借助你即將在本書中學到的某些方法，我在兩週內宛如奇蹟地吸引到意外的十五萬美元。而且請你相信，我不只同意那件事，而且我說：「百分之百同意！」我希望你也有機會針對宛如奇蹟的大量現金流向你表示，「百分之百同意！」

丟掉包袱

在我們更進一步深入探討之前，我想跟你稍微聊一下。關於對靈性有心的好人們，我注意到的事情之一是，他們往往有些害羞和抗拒在人生中主張擁有更多的現金。這些人的看法是，以某種方式擁有致富的動機會使他們看似「不那麼靈性」。這是你嗎？你是否私下覺得，擁有大量現金不知何故就是「不靈性」？關於想要更多，你是否感到有些罪疚呢？我當然希望你不會感到罪疚，但是如果你確實感到罪疚，你並不孤單。這是好好檢查你目前心態的時候了，因為那樣的想法將會使得跟你一樣有靈性的好人們繼續身無分文。

此外，假使你擔心，想要變得富有不知怎地就是膚淺或貪婪，或聖靈會因為你有這類「世俗欲望」而瞧不起你，那麼你大可放心，你的神性團隊並不會批判你。從遠古時代開始，聖靈就幫助我們擁有諸如食物、住所、其他資源等事物。現金也不例外。現金是我們這個時代的貨幣，而且關於天使，假使多年來我有所了解，那就是，祂們對你的最大期望是，你得到照顧，可以感到平安和快樂。快樂是有感染力的，而且當你感到安全、有保障、幸福快樂的時候，它也會啟發其他人幸福快樂。

天使們希望你學會如何向祂們求助，甚至是在你人生最平凡的面向聘請祂們。祂們希望幫助你學習如何擁有更大的夢想，以及如何排毒，遠離匱乏、負面思考、無價值感等老舊典型。祂們還希望你知道，擁有經濟實力跟擁有靈性力量一樣美。你和你的夢想應該得到資助，讓你可以支持你相信的事業、為他人服務、擁有讓世界變得更加美好的必要資源。沉迷於那類遊戲並不可恥。

對天使該有什麼期待？

無論你尋找的是兩百美元或兩億美元，你即將在此學到的步驟都可以幫助你如魔法般地吸引到非凡的機會、現金、資源，更重要的是，轉換你的心態，讓你感覺得到更多的支持和力量，可以將你的最大夢想轉變成驚人的現實。我親眼見證了個案的年收入增加了三倍、神奇地免除了八萬美元的債務、每週的客戶數量翻倍，更好的是，體驗到安全和幸福感得到澈底的改善。所有這一切都發生在完成這個天使財富儀式之後的三到六個月內。

我提供的練習也給予你真正的機會，改善你與金錢的關係、擺脫你對金錢的擔憂、強而有力地深入了解阻礙你成功的因素、幫助你治癒財務的創傷。我已經看見上述一切因為這類魔法運作而發生，而且當它發生時，總是相當不可思議。

此外，我想要提及的是，假使你對這類東西很陌生，你可能會有些懷疑天使的真實性。那完全沒關係。我以前也不是完全相信祂們。好消息是，你不必為了讓祂們幫助你而相信祂們。為什麼呢？因為天使相信你，那就是原因。你不必很虔誠，甚至不必是完全的天使信徒，這類天使魔法就可以為你運作。不管怎樣，我的希望是，在運作這個有魔力的招財流程結束時，你心中會毫無疑問地相信：天使不僅真實，而且祂們願意、準備好、能夠幫助你成功。

要讓這類財富魔法開始為你運作，需要的只是以下四項魔法基本要素：

- **思想開放**：對魔法和天使真實存在的可能性保持開放的態度。
- **渴望**：衷心渴望你的財富增長。
- **好奇心**：帶著孩童般的好奇心看世界，想像你有什麼可能性。
- **承諾**：承諾於貫徹這個有魔力的招財儀式流程。

這四件事便足以讓你得到一些相當令人讚歎的結果。所以，假使你可以全心全意地帶著好奇心和承諾出現，那麼天使就會為你出現且與你會面。

我衷心希望，你好好享受天使們和我在這些內容中為你創造的財富魔法旅程。請沉迷在這些練習之中，好好運用它們，完成本書第二部分的十一天儀式，而且在這個過程中讓自己保持樂於接受新的財務洞見、機會、靈感。你的魔幻財富仙境等待著你啊！

第1部

財富的基礎

第1章

排除萬難，移除財富障礙

假使你多年前告訴我，我會寫一本談論財富的天使書，我會認為，要麼你吸毒，要麼我吸毒。根據當時的我的狀況，八成是我吸毒。但是在此，我卻做著我認為不可能的事，當然，我要為此感謝天使。

假使你讀過我的前一本著作，《天使實驗》（*The Angel Experiment*），那麼你知道，我第一次邂逅天使是透過一次奇蹟，那使我踏上我的非凡旅程，邁向顯化超出我最瘋狂夢想的人生。從那第一次奇蹟開始，我持續在我的人生中以及全世界我所服務的人們的人生中，親眼見證到一次又一次的奇蹟。

多年來，天使們在不少方面幫助過我，最驚人的始終是我自己的財富急劇擴張和倍增。當然，無論如何，我都不是世界上最富裕的人。我不會在近期預訂下一班私人太空梭旅行的座位，但是像我這樣背景的人，自從與天使合作以來，我所體驗到的連結、成功、財富卻是令人驚訝的，甚至宛如奇蹟。

為了讓你了解這有多麼令人驚訝，且讓我簡要介紹一下我是誰以及我來自哪裡。

我這個女人，一半是墨西哥裔美國人，一半屬波多黎各裔，出身貧寒。事實上，在我年輕的時候，有一段時間幾乎身無分文，因此我住在洛杉磯一處西班牙語區的老舊破房子裡，在一條小巷內的小巷內的小巷內。是的，你必須開車穿過三條小巷才能抵達我家。你知道那是有可能的嗎？

我住在「桑格拉」（Sangra）與「洛馬斯」（Lomas）的幫派領地，常有經過的車子開槍射擊、販毒，諸如此類。火上澆油的是，十幾歲的時候，我母親去世了，那把我送上一條非常嚴重的自我毀滅之路。即使我白天是大學生，但夜裡卻與所有最糟糕的毒品奮戰著，外加酒精和抑鬱。由於這些苦苦掙扎，我甚至在監獄裡待過一小段時間。

你明白了吧？你看過貧窮、抑鬱外加吸毒問題且在監獄內待過一小段時間的棕膚女子向上攀升的統計資料嗎？是啊，那樣的案例少之又少。在我早年的歷史中，沒有任何跡象顯示我可以擁有我今天擁有的生活、事業、財富。

事實上，我撰寫本書的靈感之一是，二〇二〇年，新冠肺炎第一次大規模封鎖期間，我利用我在此與讀者分享的魔幻方法，顯化了意想不到的十五萬美元。我通常不喜歡公然畫大餅，但卻不得不向你透露這個財務奇蹟，讓你知道使用這類財富魔法有什麼可能性。

回到二〇二〇年，我努力平衡工作與家庭生活。作為自營企業的首席執行長，我的角色與新冠期間突然間有兩個孩子全天候在家上學直接衝突。就跟世界上的許多父母一樣，我決定減少工作時數，專注在幫助家人盡可能優雅地度過這個額外異乎尋常的新時代。

但是接著，我不得不以某種方式設法彌補收入的損失。所以，我做了什麼呢？我做了每當我需要解決非常傷腦筋的大問題的時候總是會做的事。我向天使們求助，而祂們啟發我執行好些財富魔法。我深入挖掘我的魔法武器庫，創造了可以幫我招來二十萬美元的財富儀式。我認為吸引到那個金額的機會不大，但還是決定無論如何先求求看。

在完成財富儀式之後的兩週內，我收到了一封電子郵件，說我有資格獲得十五萬美元的超低利企業貸款——幾乎是免息的。我簡直不敢相信自己的眼睛，主要是因為我不記得曾經申請過十五萬美元的貸款。假使你請求某人給你十五萬美元，你會不記得嗎？我百思不得其解，於是詢問老公是否以某種方式設法申請了那筆金額，而他也沒有做過那件事。

然後我想起了我的財富儀式，而且再次領悟到，與天使合作實在是超級驚人又神奇。

那一夜，我到戶外自家後院裡舉行一場感恩儀式。我生了一堆火，準備了一些祭品，感謝造物主、天使、我的祖先、聖靈，感謝祂們在支持我的時候總是展現出十分瘋狂的創意。

我坐在火爐旁，想到世界各地設法同時在家上學和工作的父母。我想到了所有在封鎖期間失去工作的人們，想到為了維持企業生存而苦苦掙扎的小型企業主。而且我想到了世界上所有被邊緣化的人們，即使沒有新冠肺炎，他們也從來沒有機會被人向上拉一把。顯然，剛剛「發生」在我的家人身上的奇蹟並不意謂著我要保密。我領悟到，我有義務與他人分享這個財富魔法，讓別人也可以學習如何運用天使魔法不可思議的力量排除萬難。這正是我撰寫本書的原因。

所以，為什麼我要告訴你這一切呢？為了吹牛嗎？絕對不是。我告訴你這一切是因為希望你知道，談到破解系統、突破障礙、療癒過去、在世界上活得豐盛，天使們是令人驚豔的幫手。祂們可以幫助你成為真正的人生駭客。

我全心全意地相信，無論你來自哪個行業，天使都可以為你做到祂們為我完成的事。你不必含著金湯匙出生，也不必覺得自己很特殊。事實上，你是否感覺好像你就是爛透了其實也無關緊要。你甚至可能管理現金的能力奇糟無比，這還是無關緊要。天使招財魔法賜予每一個人平等觸及宛如奇蹟的資源，無論我們的膚色如何；我們有多少錢；我們的性別、性別認同或性偏好；我們來自哪一個國家；或我們出生在哪一個種姓、階級或族群。

我希望你知道，你的財富故事沒有結束。你的財富故事可能才剛剛開始。天使和你的靈性盟友，可以且將會幫助你排除人生、事業或業務中的萬難，而且一定會不眠不休地運作，使你達到下一層級的財富。再次強調，開放的心、開放的思想、承諾於這個歷程的意願，正是讓這類魔法開始為你運作所需要的。

本書如何幫助你排除萬難？

本書中的每一則提示、練習、儀式，都是設計來支持你擴展你的財富以及幫助你排除萬難。以下是你將在接下來的內容中學到和遇見的幾個重點：

- 如何強而有力地祈請和駕馭古代財富魔法天使和盟友的力量？
- 如何驅散你的「內在妖魔」，或可能使你無法充分發揮招財潛力的無意識障礙？
- 一本參考指南，說明我最喜愛的所有超厲害的財富天使和盟友。
- 設計了日誌提示和練習，旨在幫助你將你的內心、頭腦、身體與能量滿滿的財富場域連成一氣。
- 為期十一天的儀式，幫助提升你的招財能力。

此外，你可以造訪我的「天使招財魔法」（Angel Wealth Magic）網站（AngelWealthMagic.com/Resources），內含數百則可下載的財富肯定語句、可下載的音檔、其他具支持作用的資源，將會幫助你與豐盛連成一氣，使你的思路一路走來聚焦在令人讚歎的財富上。

從這個時間點開始，我希望你好好思考囊括在本書中作為你的一部分財富儀式的每個篇章和每一則練習。每一則練習都建立在之前的練習之上，為的是增強你將在第二部找到的十一天財富儀式的力量。

我還希望你明白，只要打開本書，你就已經啟動了某些財富的美好。財富天使和盟友已經在待命，準備好要開始與你合作。祂們是專為這份招財的事物設計的，而你也是專為這份招財的事物設計的。

培育你的財富花園

在天使招財魔法的流程中訓練其他人的時候，我逐漸理解到，若要超越簡單的顯化亟需的現金並進入永續財富的產生，那需要深度的內在探索和心態升級。身為心理治療師，我天生對心智和無意識著迷。我喜歡沉思人類的心智架構和信念系統，如何支持或限制我們顯化最深層的欲望的能力。有時候，我們甚至沒有意識到這些信念的存在，因為我們一輩子持有這些信念——通常承繼或採納自我們的祖先、家庭、社群、文化。因為我們很小便吸收了這些東西，所以往往根據這些信念（往往是謊言）對自己和我們的人生做出假設，而且認為它們千真萬確。

且讓我們這樣想像：將你最大、最終、下一層級的財富想成彷彿是一座美麗、青蔥、豐盛滿溢的花園。鳥兒在歌唱，蜜蜂嗡嗡叫，所有水果和蔬菜都豐富、味美、多汁、成熟。當你內在的財富花園像這樣飛速成長時，那意謂著你的現金流量無虞，你的銀行帳戶資源充裕。你已經正式抵達下一層級的財富。

想像一下，你承繼的金錢信念系統是這座財富花園的土壤。你的信念的品質要麼為你的財富種子和魔法上的努力創造可以種植的肥沃土壤，要麼創造有毒的環境，讓你的魔法財富種子難以生根。有毒的信念將會扼殺掉你的每一次嘗試，使你無法抵達下一層級的財富。

假使在潛意識層面，你的內在財富花園雜草叢生，土壤有毒，那麼無論做什麼，無論工作得多麼努力，你都會感覺好像在財務上卡住了。那些心智的雜草將會吸走你的財富花園的生命力，阻礙你擁有肥沃和豐富人生的能力。我把這些叫做「財富障礙」（Wealth Blockers）或ＷＢ。

「財富障礙」就像隱形的保險套，使你的財富種子就連在最肥沃的土壤裡也無法散布和生根。它們是你從社會和你的祖先承繼而來的潛意識負面信念，使你即使非常努力地下工夫，也無法顯化下一層級的財富。

你是否曾經感覺到，當你設法在人生中前進時，卻好像前進兩步、後退三步？是啊，那些是使你回復原狀的陳舊「財富障礙」。它們實在很擅長它們的所作所為，但是請不要失望，永遠不要失去希望。它們創造的無形障礙並非堅不可摧。想到這點時，請想想，就連真正的保險套，效力也只有大約九八％，對吧？我們某些人就是這方面活生生的證據。

還好，因為神性很酷，所以你已經被賜予了一支奇妙的天使團隊來幫助你拔除頭腦內最毒土壤中的心智雜草。祂們可以幫助你刺破無形的心智保險套，使你內心最深處渴求財富、愛、喜樂的種子可以滲透「造化」（Creation）的沃土，於是你最大、最美的夢想終於可以誕生在人世間。

問題是，你該如何辨認並拔除實質上封鎖你的富裕人生的心智雜草呢？

噢，其實有許多方法，不過我最愛的方法剛好就在你的兩耳之間，當然是：心態魔法。

除了十一天財富儀式之外，本書還有十七個練習，那些將會使你（在天使的幫助下）得以辨認你的某些心態盲點，得以神奇地轉換可能會使你無法達到下一層級的財富的某些關鍵思想、信念、模式。你將有機會「拔除」你的財富花園的「雜草」，讓你在這整個儀式中種下的魔法財富種子可以真正生根發芽、茁壯成長。所有這些都是準備工作，在為期十一天的儀式達到頂點，屆時你可以應用你所學到的一切，好好告別「財富障礙」。

你一開始投入魔法的能量和承諾，往往反映在最終的結果中。好好享受這個歷程。慢慢來。落實那些練習。要對你可能會在沿途發現的奧祕保持好奇，同時準備好正式開始你的財富魔法儀式。

第2章

財富魔法前奏

設定提升財富的儀式

讓財富魔法開始吧！終於到了快速啟動你的超厲害財富魔法旅程的時候了。你可以感覺到財富魔法的氛圍正在流動嗎？我知道我感覺到了，而且天使們和我很雀躍能與你一起走過沿途的每一步。

你即將開始的旅程對你來說將是獨一無二的；運作這個威力強大的魔法確實沒有一種放之四海皆準的方法。每一個人都在天使的幫助下創造自己的路徑。

我怎麼知道的呢？噢，我有一則小故事要告訴你。我在本書中和《天使實驗》裡分享過我的好些天使體驗，但我還沒有告訴你我是如何愛上魔法的。我在二十出頭的時候開始學習魔法。在我母親去世之後幾年，我有過一次強而有力的神祕體驗，突然釋放掉我的第一波靈性活力。這段體驗使我開啟了一段最終帶領我踏上西方傳統魔法道路的旅程。

在一家靈性書店，我無意間發現了一張現代魔法神祕學校的傳單。不久，我便被引進那所學校，最終住在那裡。在這所學校裡，我們深入研究魔法，當然，也深入研究「卡巴拉」（Kabbalah）、星體投射、儀式、顯化、冥想、塔羅，以及其他各種靈性與神祕主題。在這些日子中，我剛才提到的那些事物似乎並不特別具有爭議性，但是回想當時，就連瑜伽也被認為是相當外圍的東西。

住在我們稱之為「修道院」（The Abbey）的學校期間，我們在五點三十分與日出一同醒來，完成晨間儀式，開始我們的日常工作，在這些日常工作中，我們會讓自己的魔法接受真實的考驗，然後回到學校，繼續我們的魔法操作。那樣的生活就跟修道士一樣，不過是魔法風格的修道士。這段期間，從日出到日落之後，我將自己的生活完全投注於魔法研究；我實實在在地磨練了我的魔法，幫助我突破自己的局限。

歷經四年漫長的獻身魔法之路，然後繼續前進的時候到了。我學到了許多關於魔法的知識，而且一路走來顯化了某些很酷的結果，但是仍然缺了點什麼。我基本上還是悲慘的人，依舊非常努力地試圖在感覺全然沒有意義的人生中找到人生的意義。因此，我對魔法幻滅了，暫且放下了整個魔法實務。

直到大約三十五、六歲，天使進入了我的人生，我親眼見證到一次令人驚喜、改變人生的奇蹟，我才重拾魔法。在蛻變轉化的那一天，不知從何而來，我看見一隻鳥兒從天空墜落，直接掉落在我的車子前方的地面上。這隻折斷翅膀的鳥兒沒有掙扎，而是宛如奇蹟地將自己分成三隻健康的鳥兒，然後飛走了。我知道，這聽起來有點兒誇張，對吧？是啊，因此我在《天使實驗》中完整地寫下了這則故事。

這個奇蹟發生在我人生中的極度低潮期，而且它允許我看見魔法事件中的美麗與真實。對我來說，真正的療癒在這時候開始。而且就是那時候，我找到了在身為魔法女修士的整個職業生涯中一直忽略和缺失的魔法要素，也就是：

愛——神性之愛以及隨之而來的所有令人讚歎的事物。

我學到的是，最美好的魔法類型始終涉及一顆寬大、生動有趣、開放的心。它來自於真正渴望與比自己更大的事物建立連結。我們稱之為宇宙（Universe）、上帝（God）、大自然母親（Mother Nature）、蓋亞（Gaia）、鮑勃（Bob）、大愛（Love），或你認為合適的不管什麼名稱；當你與偉大的祂／祂們建立易於察覺的真實連結時，以及當你開始看見神性真正為你運作時（在大自然裡，包括天空、鳥兒、樹木；你的關係；乃至你的銀行帳戶），它便完全改變這場魔法遊戲。

在你與我一起走過這個天使招財魔法的歷程之際，我將會好好動用在魔法學校裡以及其他根深柢固的種種魔法中學到的某些練習。我滿懷愛意地完成這事，因為我知道，世界上最偉大的魔法莫過於真正感受到聖靈和生命本身的支持，祂們共同合作，為你帶來保護、愛、喜樂（乃至財富）的贈禮與祝福。

因此，讓我們用財富魔法為你的成功做好準備吧！在本章中，我列出了好些你可以採取的簡單步驟，它們將會幫助你稍微潤滑你的魔法輪子、把你的空間準備好、快速啟動你與天使們的關係、為你的招財之旅設定清晰而有力的意圖。本書中的財富魔法流程將會幫助你重寫今生的金錢故事。假使你過去與金錢的關係很緊張，這是難得的機會，可以讓你結束令人厭煩的老舊故事，開始想像，當金錢關係得到修復且準備穩妥時，人生看起來和感覺起來會是什麼樣子。

抉擇的力量

你當下的人生並非偶然發生的。一股非常強大而神祕的力量塑造了它，而且我可以保證，這股強大的力量是你的愛情生活、你的銀行帳戶、你的朋友圈，乃至你的事業之所以看起來如此的主要原因。因為本書談到許多靈性概念，你可能會認為，我即將把你的人生中的結果歸咎於神的設計、因果報應、命運，或諸如此類的某種高階靈性理論，但事實並非如此。我所指的強大力量是你的抉擇的力量。在你所能掌握的形塑人生的工具之中，做出抉擇的能力是其中數一數二的重大工具。

雖然做出抉擇的概念很簡單，但它卻是你的魔法成功（以及事實上，在人生中成功）的最大關鍵之一。你現在活出的這一生並不是偶然發生的，它是因為抉擇而發生的。

在進一步討論之前，我想要澄清一下，小時候發生在你身上的事並不是你的抉擇或你的錯。你當時的人生是你的照顧者的一時興起或種種抉擇的表達。假使你在成長過程中被貧困或虐待包圍，原因不在於你，因此你不必為那事負責。具體來說，因為這是關於財富魔法，你需要明白，你也不必為小時候可能一直影響你的任何家庭財務創傷或財務模式負責。你並沒有選擇任何上述事項。你也沒有選擇成年生活中那些不可預見或災難性的事件，從而對你的銀行帳戶造成負面的連鎖反應。不管怎樣，重要的是，你選擇如何回應所有那些垃圾。你對身為成年人的你現在做出的財務抉擇負責。那些抉擇確實會影響你的財務結果。

以下有幾個不錯的問題可以好好反問自己：

- 我的成長經歷至今仍舊如何影響著身為成年人的我今天做出的抉擇呢？尤其是財務上的抉擇？
- 因為在家庭中感覺並沒有受到重視，所以我在人生中做出的抉擇是否依舊貶低了我的價值？
- 過去有過的什麼財務創傷可能會對我今天做出的財務抉擇產生負面的影響？

無論你的答案是什麼，現在重要的是，你選擇如何繼續前進並從過去的創傷中恢復過來。何況治癒過去有助於正向地指引你未來的財務生活。

你可能會環顧你的財務生活，可能不會立即喜歡我此刻在這裡說的話，因為那樣的財務生活可能看起來有點兒像狗屎表演。不過沒關係。我們都參加過這裡或那裡的狗屎表演，而且我確信這並不是你的第一場牛仔競技秀。舉例來說，我確信，在某個時間點，你在真正需要的時候找到了擺脫債務的方法。問題是，你怎麼做到的？你怎麼熬過那場狗屎表演的呢？簡單的答案是，你選擇了不同的做法。你選擇了辭掉有毒的舊工作、找到一份新工作、投入新的教育、償還欠款、搬到新的城市、開發新的收入來源或呼求幫助。

魔法師明白，他們隨時可以擁有不同的選項，做出不同的選擇——選擇不同的軌跡。而且本質上，在你決定想要學習如何使用天使魔法打開通向財富的全新門戶時，這就是你在做的事。魔法師努力明白和理解，他們在任何魔法行為中採用的第一股力量是，做出明確而主動的抉擇來改變他們的實際情況。他們有意識地選擇擺脫受害者狀態，對自己人生的狀態徹底負起責任。魔法師願意從社會、從他們的原生家庭或從懷恨者或反對者手中，取回自己的力量。他們充分領悟到，他們有力量將自己從過去的苦苦掙扎中分離出來，根據自己的美好願景或「真實意願」重新創造自己的人生。

財富魔法的成功取決於你的抉擇的力量，尤其是致富的抉擇——而且要真心實意。真心實意不只持續一週、一個月或一年，而是只要需要，便持續不斷，即使在你完成運作本書中的步驟之後，依舊持續不斷。

有意識地做出致富的抉擇允許你在自己的內在創造出非凡的轉換。你可以敞開來接納如何做自己和為自己著想的全新途徑。你可以學習放下你一直在告訴自己關於你的人生和金錢的老舊故事。因此，如果你真正準備好要在人生中做出不同的抉擇（如果你準備好要做出致富的抉擇），那麼請大聲說出這句話：「我選擇變得富有！」

大聲說出這句話，好像天使們正站在房間裡陪伴你（因為祂們確實陪伴著你）。一遍又一遍地大聲說出這句話，直至你感覺好像確實那麼覺得為止。要讓自己對此躍躍欲試。讓你的身體感受到這句話的熱情，而且知道這個抉擇是真實的，在你的致富旅程中，它是美麗的第一步。

選擇變得富有是什麼感覺呢？你注意到什麼了？你興奮嗎？有一部分的你還在抗拒嗎？花點兒時間寫下做出致富的抉擇有何感受。還沒有地方把它寫下來嗎？噢，你一定會在一分鐘內把它寫下來。繼續往下看吧。

練習 1

你的財富魔法書

既然你已經做出了致富的超神奇強大抉擇，那麼你將需要一本神奇的財富魔法書——某種魔法日誌。你的神奇財富魔法書可以是紙質的，也可以是數位的，哪一種最適合你的生活型態，就用哪一種。它將是你經常蒞臨的地方，可以記錄一路走來所有神奇的發現、經驗、致富的思想、靈感、成功。

魔法書是大多數古代和現代魔法師的重要同伴。魔法師明白，他們可以運用自己的話語作為強大的顯化機器。他們時常在自己的魔法書中書寫，不是像傳統日誌那樣把魔法書當作發洩的地方，反而是作為工具，放大他們的魔法，並在神性力量的支持下共同創造他出們的全新實相、心願、渴望。我希望你把你的魔法書想成魔法創造的容器。你可以運用這本魔法書的內容寫情書給你的聖靈團隊，請求神性介入，而且一次又一次地重新承諾於你的致富旅程。你也可以運用它寫下威力強大的思維、感受、肯定語句；創造得到財富啟發的藝術；或寫下你對達成下一財富層級的擔憂、疑慮、想像上的限制。當你發現限制性信念以及新的財富障礙時，也可以將它們寫進你的魔法書中，然後請求天使協助你將它們轉化成美、希望、靈感的感覺和思想。

此外，我應該提及的是，這類魔法可以點燃來自你的聖靈團隊：關於如何在你的人生中吸引更多財富的全新想法和靈感，所以你一定想要好好關注並將所有這些啟示寫進你的魔法書中。多數時候，你會希望將這本魔法書帶在身邊，因為你永遠不知道得到神性啟發的天賦什麼時候突然閃現，將會擊中你可愛的小腦袋。

在這整本書中，我將會為你提供魔法提示和練習，以此提升你的財富魔法並增強你的財富花園的繁殖力。不管怎樣，有許多種方法可以運用你的財富魔法書，所以，只要你始終如一地運用這項令人讚歎的魔法工具，就可以隨心所欲地與它合作。

假使剛開始需要一些幫助，這裡有一個神奇魔法書的基本模板。這些問題和反思將會幫助你每天將你的魔法心思聚焦在手頭的任務上，也就是：顯化下一層級的財富。無論如何，在你開始之前，我想要說明的是，這不是忙得團團轉的工作。要將這些日常書寫想成你的魔法財富創造的某個神聖而強大的面向。

你的神奇魔法書的每日提示

- 大聲說出：「我是真正富有的。」好好思量一下這句話。在你的人生中，有哪兩方面已經反映出財富感，把它們寫下來。
- 你今天在創造什麼呢？寫下你渴望有何感覺？你希望日子怎麼過？你希望體驗到什麼結果？
- 說出某項成功的例子。花點兒時間撰寫和慶祝你已經取得的成功。
- 你想要記錄什麼想法、靈感、跡象、同步性或神奇事件？
- 為了創造更多的財富，你今天可以採取哪一項神聖的行動步驟呢？
- 你感恩什麼呢？真正的感恩打開領受更多祝福的門戶。
- 今天你需要來自你的神性團隊的任何幫助嗎？如果需要，幫助你什麼呢？務必感謝祂們的支持喔。

• 寫下你當天想要記錄的任何其他內容。

理解你想要致富的「原因」

當你對自己的人生有遠大的目標、夢想、令人讚歎的願景時，不言而喻的是，很有可能那確實需要花費好些時間、精力、投入。將夢想轉變成現實的祕訣之一是，找到真正以心為中心的動力，讓這份美好發生。你正在閱讀本書，所以已經很明顯的是，你正在尋找某種財富升級，但你是否把握住這個機會真正理解「原因」呢？你是否真正想過，在人生中擁有更多現金的好處以及它會造成的影響呢？

當我詢問人們，為什麼他們期待吸引更多的現金，多數人表示，他們想要更多的金錢來償還債務或支付房租、抵押貸款或其他帳單。然而是的，雖然這些事物很重要，但是有時候，它們不夠性感，不足以使你擁有讓所有大事發生的全然動力。

在本節中，我希望你更深入地探討你想要更多現金的「原因」。你問得越多，一遍又一遍，就越能發現達到下一財富層級的潛在動機。當你觸及圍繞著你的意圖的更深層感受時，魔法往往發揮得最好。當你思考著在人生中擁有更多的現金時，我希望你感到容光煥發。

若要參透這個「原因」，最好的方法是安靜地坐著，拿出你的魔法書，然後列一份清單。反問自己這個問題：「我為什麼想要致富呢？」一旦找到答案，緊接著反問自己：「還有什麼原因讓我想要致富呢？」把那個答案寫下來，然後再次反問自己：「還有什麼原因呢？」如此反問自己六或七次——假使你覺得實在很好玩，反問自己十次也行。我希望你讓自己感覺到身體內對財富的渴望。再次強調，這麼做的重點是要幫助你發自內心地感受你的願景周圍的情緒。

有時候，你會無意中發現更深層的渴望，想要服務他人或你的家人，或想要成為使他人產生動機的人。也許你想要為父母親買棟房子或為子女們積累世代的財富。某些這類「原因」可能確實會使你有點兒想哭。那是好事。你其實可以將那份情緒導向你的魔法。只要你喜歡，務必時常回顧你的「原因」，這會幫助你保持承諾於你的財富願景。

練習 2

設定意圖

既然連結到為什麼你想要招來更多財富背後的深層原因，你就準備好要設定意圖了。每一場可靠的魔法儀式都開始於某個強而有力的意圖。

為了能夠用天使魔法轉變你的財富實相，你首先需要對你想要顯化的事物有強大的願景。我們已經知道你正在尋找更多的財富，但是你仔細考慮過需要多少財富嗎？什麼時候需要呢？在寫出你的意圖之前，請回答以下問題，才能具體地決定你期望吸引多少金錢以及你會將金錢花在什麼事物上。

1. 你現在亟需現金嗎？假使亟需現金，需要多少呢？為什麼需要？何時需要？
2. 你的月收入目標是多少？你希望每個月看見多少金錢進入你的銀行帳戶或你的企業呢？在你的魔法書中寫下這個金額。
3. 明年你希望有多少收入呢？在你的魔法書中寫下這個金額。
4. 你希望從現在開始五年，每年看見多少財富流入？同樣在你的魔法書中寫下那個金額。

這些數字將會為你提供未來幾年的初步路線圖。有一個可以瞄準的大目標始終有所助益，尤其是當你期望建立永續財富時。要經常回顧這些數字，花時間把它們想像成現實。

為了創造這個意圖，我希望在本書的剩餘部分，你要麼聚焦在亟需的現金目標（上述第1項），要麼聚焦在每月的個人或企業營利目標（上述第2項）。開始第二部分的十一天儀式時，你也會採用這個目標。我們從這裡開始，因為這些是你立即的需求。不管怎樣，在你走過一次這整個流程之後，你可以再回到這個儀式，然後著眼於更大的數字。

現在是寫出你的意圖的時候了。我在下方列出了一份簡單的意圖書寫格式，不過你可以隨意寫下你認為合適的不管什麼格式。

親愛的「一切萬有」(All That Is)的造物主、天使們、我的其他財富盟友們，

我的意圖是在＿＿＿＿＿＿（填入你希望顯化這個金額的日期）之前顯化＿＿＿＿＿＿（填入金額）。我打算用這筆金錢來＿＿＿＿＿＿（在空格內填入你要如何運用這筆金額）。

此外，我請求祢們消除我的恐懼，打開通向永續財富的道路，幫助我以魔法和奇蹟的方式感覺得到支持。我感謝祢們幫助我，我已準備好要領受祢們的祝福了。

寫完這些時，我希望你在室內或室外找到一個好地方，然後召請天使。想像祂們跟你在一起，同時大聲唸出你的意圖，彷彿你被這些驚人的

幫手包圍著，只有站立的空間。

假使你對天使魔法這東西很陌生，可能一開始感覺有些詭異，但不管怎樣，做就對了。大聲說出你的意圖是非常有魔力的行為，它也可以很好玩喔！當你召喚天使時，你可能會實質上感應或感覺到祂們與你同在，也可能沒有任何感應。無論是哪一種，大聲唸出你的意圖，讓天使們正式知道你正在尋求幫助，這對你很有助益。

假使想要使你的魔法更上一層樓，為你的意圖增添好些額外的力量，不妨複製你的意圖並將它放在財富祭壇上。

練習3

你的財富祭壇

財富祭壇或神聖空間可以用作使你的財富魔法繁榮興旺的錨定點。祭壇是你家中的一處小型專用區，作用幾乎像是出入口或門戶，有助於敞開來與神性交流。就跟本書中的多數事物一樣，要開開心心地創建你的財富祭壇喔！

祭壇可以用於各種不同的目的。有些人創建祭壇是為了幫助他們與祖先連結；其他人創建祭壇則是為了幫助他們吸引愛情、帶來保護，或顯化新的工作。我囊括這個創建財富祭壇的步驟，因為我的經驗是，人們非常喜歡在家中擁有這些神聖空間，而且這些人報告說，從這類祭壇領受到莫大的療癒、平安、祝福。

祭壇有各式各樣的形狀和大小，而且不必很大或很華麗。你的祭壇可以是床頭櫃上的一處小地方，也可以是擺滿驚人聖物的巨型書櫃。這其實無關緊要，只要找到你的祭壇並從中得到啟發。你的祭壇可以很簡單，例如騰出立一根蠟燭的空間，或是一張開給「自己」的支票，上面寫著你要吸引的金額。

假使你沒有心情在家裡創建空間，不妨隨意在戶外創建。戶外的迷你祭壇可以同樣美麗、好玩、威力強大。此外，假使你想要走極簡風，或是如果家中有貓咪或孩子，可能會把祭壇上的物品拉下來或撞下來，那麼你甚至可以創建便攜式財富祭壇。若要做到這點，只要將啟發你靈感的物品放在一塊布上，用那塊布把物品包好，再用繩子或絲帶捆綁起來，然後存放在抽屜中，直到你想要再次將它拿出來運作魔法。你甚至可以將上頭印有你的意圖的內容摺疊起來，放在那塊布裡，幫助你的魔法滋長。

創建特殊的財富祭壇之前，我希望你首先考慮一下，想到財富時，你會想到什麼圖像或符號。是否有任何靈性存有使你聯想到財富呢？無論想到什麼，你都可以找到方法將那些圖像表現在你的祭壇上。你可以列印照片或立起可愛的雕像。你甚至可以囊括實際的金錢，或是，如同我之前提過的，為自己寫一張支票，載明你期待吸引到的金額。請隨意發揮創意。最重要的是，好好享受創建財富祭壇的樂趣喔！以下是創建得到靈感啟發的財富祭壇空間時，人們喜歡用來幫助他們的其他物品：

- 蠟燭
- 祭壇布

- 絲巾
- 藝術作品
- 香
- 鮮花
- 羽毛
- 水晶或寶石
- 你最愛的天使、男神、女神、動物或指導靈的圖片、雕像或小雕像
- 現金（當然，前提是你的室友值得信賴）

請創建你覺得有意義的財富祭壇，用愛填滿它，而且記得將你寫下的財富意圖放在財富祭壇上。

以下是簡單又好玩的方法，可以每天用在你的財富祭壇上：

1. 點燃一根蠟燭。
2. 召請你的財富天使和盟友。
3. 想像祂們在你身邊，感應祂們的臨在。
4. 提醒祂們你的意圖。向祂們尋求幫助、靈感、清明、支持、力量，或你一路走來可能需要的其他任何東西。請求祂們移除掉阻礙你實現渴求目標的任何因素。
5. 感謝祂們聆聽。
6. 注意你是否有不同的感覺。
7. 將這次經驗中你覺得需要記錄的任何事物（新的想法、意圖，等等）寫在你的魔法書中。

像這樣運用你的財富祭壇是非常甜蜜而美麗的過程。要完成感覺適合你的不管什麼事，而且要知道，當你將神聖帶進家中甚至最小的角落時，你的家就變得神聖了。

我知道許多人很忙碌。就連想到打造財富祭壇，也可能會使你感到不知所措。拜託，務必在感覺這事與你連成一氣時才執行這個步驟，而且看在老天的分上，要繼續執行下去。假使感覺財富祭壇現在不適合你，請別擔心。人們往往熱愛運作財富祭壇，但是某些人真的不希望那麼麻煩，那也沒關係。

神聖的互惠

假使你對天使或擁有靈性盟友的想法完全陌生，那麼我應該要提到的是，當你努力與祂們建立關係，就好像對待你想要花更多時間相處的任何新朋友一樣時，最美好的魔法就會發生。我把這叫做「神聖的互惠」（sacred reciprocity）。談到天使以及任何其他神性的時候，互惠不只是關於向聖靈拿取和請求得到事物，而且是關於透過祭品回饋給聖靈。世界各地的原住民往往記得這個步驟，而且非常有可能，你的祖先們當年也做過這樣的事。這使得與聖靈和大自然的關係保持平衡；此外，當你請求得到或領受來自聖靈和大自然的支持時，回饋給這些慈愛的存有並表達感激之情感覺真的很讚。

我發現，向與我合作的天使或其他神靈獻上祭品，可以敞開更深一層的連結，讓愛流動起來。而且就跟建立任何新關係一樣，一開始便展現最好的一面是絕佳的方法。

有許多種很美的獻祭方法。假使你發現真的想要好好認識某位特定的天使，或想要對祂們給你的一切幫助表達衷心的感謝，你可以專門安排特殊的時間和地點來進行獻祭。

這裡有幾個獻祭的想法可以幫助你，但是要知道，你有無限的選項。要始終用心感受獻上祭品的獨特方式。讓你的直覺指引你找到你覺得自然而然的東西。

誠如我之前提過的，你的祖先們知道該如何完成這事，那意謂著，這份知曉已經存在你的血液和骨骼之中，無論你是否意識到。

- **燒香**。召請天使並為祂們燒香。對祂們的協助表示由衷的感激，讓祂們知道，你期待更深入地了解祂們。
- **點根蠟燭或生起一堆火**。看進蠟燭的火焰或那堆火，彷彿它是一扇敞開的門，通向你想要與之連結的天使或靈。與祂們來一次發自內心且充滿愛意的交談，而且讓蠟燭安全地點亮一整天，或允許你生的火在有人照料的情況下燃燒殆盡。

- **唱歌**。這樣的獻祭不僅好玩，而且真正提升你的氛圍。世界各地的文化都用歌曲來讚美神性，那是有原因的。因為那麼做有效。請選擇一位天使，為對方唱一首歌。這首歌可以是你知道的，也可以是匆促編成的。無論你是否認為自己是蹩腳歌手，就好好唱吧。天使們喜愛這種方式，而且根本不在意你的歌聲是否聽起來像惠妮·休斯頓（譯註：一九六三至二〇一二年，美國葛萊美獎歌手）或瑪麗亞·凱莉（譯註：一九六九年生，美國歌手、演員、音樂製作人，被譽為「跨世紀天后」），重點在於你的心意。只要你的感激發自內心，那麼就好好唱吧。
- **跳舞**。這也是很好玩的方式，而且打開你與你的根源和列祖列宗的連結。

你甚至可以邊跳舞邊燃燒卡路里。很讚的意外收穫吧！跳舞有助於激起大地的藥性和力量並將其吸收到你的身體內。它創造慶祝的能量，而聖靈喜愛慶祝。再次強調，假使你認為自己沒有節奏感，那無關緊要。只要你心中感覺要跳舞，不管怎樣，跳就對了。

- **畫畫**。你可以召請你的天使，為對方創作一件藝術品。這也很讚，因為你可以在未來運用那件藝術品作為門戶，協助你與那位天使溝通交流。
- **獻上聞起來或嚐起來很讚的東西**，例如鮮花、餅乾，或你認為芳香或美味的任何東西。

再次強調，運用你的直覺，而且從那裡開始。噢，還有最後一件事：我強力推薦在戶外輕輕搖晃你的祭品真的很讚——特別好玩，也格外有力量。

要開開心心獻上你的祭品，讓那份愛流動！

練習 4

運用符印（魔鏡）

符印（sigil）或魔鏡（magic mirror）是我希望你一路走來好好使用的另一項工具。符印幫助魔法師高度集中他們的能量和魔法意圖。符印根植於傳統魔法，我在此修改了符印，為的是建立我所謂的「魔鏡實務」，幫助你錨定和具體化現你的意圖。這應該會打開一條使你與天使更強力交流的通道。將符印想像成呼叫卡，一種觸及你的天使的方法。

運用符印的方法有許多種。每一個符印通常都從一個圓或同心圓開始，然後在中間繪製某種設計。某些設計很複雜，某些很簡單。

多年來，我聽過許多不同的解釋，說外圈（或一個個圓圈）代表什麼。我最愛的看待符印方式是，把它想成一扇門戶、一扇窗口、一只魔法容器、一處可以誕生魔法的子宮。對我來說，它代表上述一切。

在圓圈內，某些魔法師繪製複雜的符號或代表特定神靈（包括天使在內）的古老設計。某些人只是把字詞、名字或字母簡單明瞭或詳盡複雜地寫下來。有時候，魔法師只是憑直覺找到魔法操作的符號，然後將那些圖像畫在圓圈內。

就這個財富魔法儀式而言，我們會讓事物保持簡單。一旦來到為期十一天的儀式，你將會在練習中與幾位天使一起使用魔鏡。現在，先學習如何運用符印，讓你的意圖得到魔法的提升，你可以執行下列概述的基本練習。

首先，你需要空白符印。

請前往本書網站的資源頁，下載並列印符印模板（網址：AngelWealthMagic.com/Resources），你也可以根據下圖手繪符印圈。

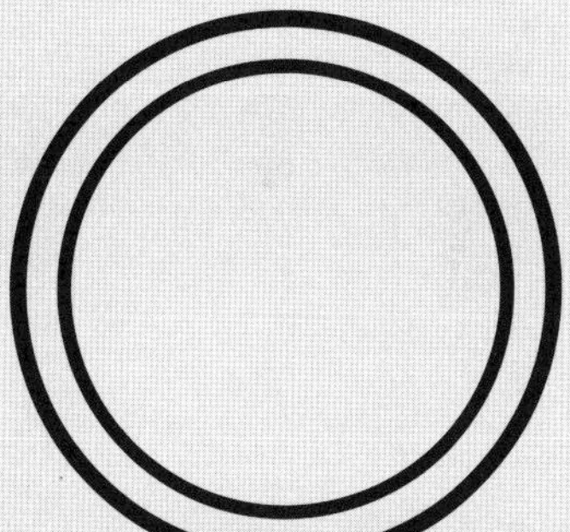

運用魔鏡的步驟

1. 在圓圈的中央，寫下你正努力吸引的金額。
2. 只盯著你寫在中央的金額周圍的空白區，彷彿符印本身就是通向神性世界或天使界域的出入口或門戶。在盯著空白區的同時，要記得你的意圖。將情感融入其中。感覺你多麼想要以及為什麼想要這個金額。想像你正透過空白區將這份意圖投射到天使界。

3. 現在只盯著外圈，而且在這麼做的同時，要做出透過魔法吸引金錢的抉擇，舉例來說，請肯定地說出：「我選擇透過天使魔法吸引五千美元。」你可以大聲說出這句話，也可以在頭腦裡這麼說，選擇對你來說感覺威力比較強大的方式即可。

4. 再次注視著圓心，但是這一次，聚焦在你寫下的金額，而不是空白區。當你盯著那個數字的時候，要想像結果已經發生——要感覺你的魔法已經奏效，你的現金已經顯化在當下此刻。

5. 從整體上注視著這個圖像。當你專注凝視時，請想像從現在開始十年或十五年後的自己。回顧這一刻，彷彿你在多年前就顯化了這個金額，而且增長的程度已經遠遠超過這份意圖。想像你擁有你需要的全部現金。深情地記住今天的自己，第一次執行著這個魔鏡練習，而且慶祝從那時候開始，你已經走了好長一段路。

你也可以複印你的設計，將它們放進你的神聖空間，或將它們貼在浴室的鏡子上或你經常凝視的任何地方，不斷提醒你的財富魔法儀式和意圖。

＊＊＊

既然你掌握了好些可以幫助你的魔法財富花園增長的基本步驟，那麼會見的時候到了，可以好好認識一下在致富旅程沿途支持你的天使和其他盟友構成的夢幻團隊。在開始為期十一天的儀式之前，我想要介紹你認識祂們。你準備好要會見祂們了嗎？好的，我們開始吧。

第3章

財富界的大天使、天使、盟友參考指南

你準備好要正式會見將會支持你的神奇招財旅程的天使和盟友們了嗎？我知道祂們已經準備好要與你見面了。

這些天使和其他神靈的共同點是，祂們世世代代受僱於幫助像你這樣的人類神奇地顯化財富與支持富裕生活型態的內在特徵。雖然財富天使的數量不只我在本章中介紹的這些，但是這份清單將會為你的天使招財魔法探險提供強力的開始。其中某些是大天使，其他則是古代的天使、盟友，出現在《聖經》或其他比較古老的神聖或魔法經文中的神靈。

我還想要指出，我在此提出的敘述畢竟不是這些天使的最終真相，而是祂們將會為你提供的美好框架，幫助你與祂們一起開始你個人的魔法修煉。每一位天使擁有的能力和力量遠遠超出我在此列出的。誠如我在本書稍早提過的，我始終建議你與天使們發展你自己個人的關係，才能發現更多關於祂們的特質以及祂們可以如何支持你實現你的人生願景。培養與天使們的個人關係不僅好玩；而且有助於培養你的個人力量和靈性實力。

所以問題是，你如何與天使們建立關係呢？噢，我有幾個想法給你。首先，在閱讀這份天使清單之際，請敞開你的「蜘蛛人感官」，注意哪些天使似乎直覺地出現在你面前或與你起共鳴。往往，你被直覺導向的天使正是可以幫助你獲得獨特致富祕訣的天使。在本章結尾，你將會學到召喚這些天使的有效練習，而且許多天使會在接下來的兩章以及為期十一天的儀式中再次出現。

既然你已經打開你的「靈性之眼」（spiritual eye），請準備好筆和紙，讓我們深入探究一下有哪些著名的天使擅長顯化魔法財富。

財富魔法天使與盟友

愛拉迪亞（*Aladiah*，發音：*eh-LAH-dee-ah*）❶

愛拉迪亞可以幫助你獲得靈性與物質的豐盛。多加分啊！這位天使也有助於庇護你免於他人的負面性或負面回應影響你的修為。有這位天使在你身邊，你會直接拒絕心懷怨恨的人。愛拉迪亞還具有驚人的療癒力，可以協助身體和財務健康領域的再生。假使你正要啟動新企畫案，這是可以合作的絕佳天使。

卡赫特爾（*Cahetel*，發音：*CAH-het-el*）

這位天使可以幫助你趕走各種形式的黑暗或「邪惡」。這包括提供保護，免於人類和靈性的負面影響。祂們❷也支持不費力地進步和成功，而且可以幫助你適應和改變你的生活型態，使之成為比較有益於財富的生活方式。一般而言，卡赫特爾可以幫助你吸引現金和長期的財富。

註❶：真實懺悔：雖然這些發音指南代表我如何說出這些天使的名字，但這些名字本身來自古希伯來語，而且我無法聲稱這些發音每一個都百分之百完全準確。不過，我可以確定，當我這麼說出祂們的名字時，天使們都會回應喔！

註❷：天使兼具男性和女性特質，祂們可能看起來沒有性別，或在不同的時候表現成不同的性別。為了反映這點，提到天使時，我通常使用「祂們」。談到大天使的時候，許多都有傳統的性別代表，有些追溯到我在本書中相當推崇的《聖經》和其他古代經文。不管怎樣，你可能會體驗到祂們化身成不同的性別或性別流動（gender fluid，譯註：「性別流動」是「跨性別」的一種，意指當事人不認為自己有一個固定的性別，性別可以隨時改變，或同時擁有不只一個性別）。性別算是人類的東西。在集體中，性別變得不那麼有意義，而且許多轉變正在發生。人們報告說，就連大天使麥可（Archangel Michael）也曾以女性身分來到他們身邊。所有天使的真實性在於，祂們體現並振動「本源」（Source）無條件的愛，無論性別是男是女。

丹尼艾爾（*Daniel*，發音：*DAN-ee-el*）

假使你迷茫困惑，難以做出大小決定，天使丹尼艾爾可以幫助你釐清思緒。這位天使可以在你抉擇的時候為你帶來自信，在你努力做出任何決定時，減少可能會伴隨而來的焦慮或沉重情緒。

艾利密亞（*Elemiah*，發音：*ell-em-EE-ah*）

這位天使可以幫助你消除負面性和不好的想法。假使你對於某個感知到的問題感到焦慮或擔憂，而且無法放鬆，這位天使可以為你帶來平靜和樂觀的感受。艾利密亞也可以幫助你從過去的問題或感知到的失敗中復原，再次對人生和你的未來感到充滿希望。此外，在你承諾於自己的工作和使命之際，祂們也可以支持你，有助於為你帶來能量，從而採取邁向目標和夢想的行動。

哈查希亞（*Hachashiah*，**發音**：*hah-CHAH-she-ah*）

假使你有某個對你來說可能太過巨大的美好想法或企畫案，與這位天使合作可以幫助你釐清思緒，優雅地向前邁進，即使你的目標似乎有點兒太過雄心勃勃。當你感到無所適從時，哈查希亞可以伸出援手，幫助你穿越困惑，從而採取果斷的行動。

哈哈赫爾（*Hahahel*，**發音**：*hah-hah-HELL*）

有時候，我們阻止自己冒險挑戰，因為害怕來自他人的負面性。這位天使很擅長幫助你對付身邊圈子裡的惡霸或心懷怨恨和惡意之人。假使你的生活中有個過於殘酷的人，這人有邊界問題且正嚴苛地影響著你的情緒，哈哈赫爾有力量阻止這個敵人的腳步。假使你此刻需要保護或庇蔭，請召喚祂們，並請求未來這類霸凌或攻擊不再重現。

哈哈伊亞（*Hahaiah*，發音：*hah-HAH-ee-ah*）

哈哈伊亞提供戰勝逆境的力量。假使你的成長經歷坎坷或目前正在體驗艱難，這位天使可以賜予你忍受艱難的力量或幫助你終止艱難。這位天使可以幫忙出力的挑戰種類繁多，所以如果你覺得自己好像正在碰壁，或正在對付使你消沉沮喪的頑固人類，請與這位天使合作，幫助你超越這個障礙，抵達另一邊。

哈卡米亞（*Hakamiah*，發音：*hah-KAH-me-ah*）

假使你正受到嚴重的壓迫或來自被邊緣化的群體，這位天使可以幫助你取回自己的力量，擺脫正在壓迫你的那個人、人群或情境。這位天使還可以為你帶來顯化財富以及展現你的真正天賦的機會，讓你在高貴的光芒中出現，使你的成果得到更多的尊重。哈卡米亞可以協助吸引相信你和你的夢想的忠誠人們進入你的圈子，也可以為你帶來樂於助人且希望幫助你提升而不是把你傷到崩潰的人們。祂們還可以幫助你保持忠於自己的本性，相信自己的夢想，讓你擁有將那些夢想轉變成現實的意志力。

哈拉切爾（*Harachel*，發音：*HAH-rah-chel*）

這位天使可以幫助你變得有魅力，以及運用你的天賦和才能造就巨大的影響。假使你渴望在你的圈子內變得更有影響力或對你的客戶或受眾更有影響力，這位天使可以幫助你在人群中脫穎而出。哈拉切爾也有助於提升你的聰明才智以及你對任何情境的智性理解。祂們可以協助你提升工作效益，以及將你令人眼睛一亮的奇思妙想轉變成為致富的機會。

哈利艾爾（*Hariel*，發音：*HAH-ree-ell*）

假使你感到麻痺癱瘓，無法依據自己的夢想採取行動，這位天使可以疏通你的心流，幫助你再次動起來。祂們可以增強成功地貫徹你的魔法願景的能力。此外，哈利艾爾也可以幫助你提高成功的機會並放大你的魔法成果。

哈伊艾爾（*Hayiel*，發音：*HAH-yee-ell*）

這位天使可以幫助你獲得令人驚喜、改變世界的想法，幫助你集結膽量和力氣執行你的計畫，將它們轉變成現實。祂們可以協助你鞏固追求夢想的決心，將你的天賦、訊息、服務帶給這個世界。哈伊艾爾也可以賜予你神性的靈感，讓你欣然接受自己在你的運動中擔任領導者的角色。

荷達迪亞（*Hodahdiah*，發音：*haw-DAH-dee-ah*）

這位天使幫助你成為顯化的機器。祂們可以協助你將能量聚焦在你目前尋求的事物上，使你更有可能得到成果。荷達迪亞可以幫助你將夢想階段期待的結果更快速地帶進物質實相中。

洛威亞（*Lauviah*，發音：*LAU-vee-ah*）

洛威亞可以幫助你找到你的作品的忠實粉絲，擴展你的影響力，讓更多的人接觸到你的才能和天賦。這位天使可以激發你與更廣大的受眾分享你的作品的熱情，幫助你克服羞怯，讓自己更受矚目。祂們可以為你帶來你所需要的自信，使你像你原本就是的星星一樣閃耀。

雷拉赫爾（*Lelahel*，發音：*leh-lah-HELL*）

這位天使有助於為你的所有企畫案和追求帶來好運，提升你的整體幸福感。雷拉赫爾支持強大的野心和有創意的努力，可以幫助你在能量減弱或失去動量時重新點燃動力。

穆密亞（*Mumiah*，發音：*moo-Me-ah*）

這位天使可以在任何魔法儀式期間為你提供保護。祂們可以庇護你的企畫案，免於可能希望你遠離最初承諾的負面能量或影響。穆密亞可以幫助你培養力量、決心、動力、勇氣、膽量，將你對財富和其他企畫案的美好想法付諸行動，將它們轉變成現實。

尼梅密亞（*Nememiah*，發音：*nem-em-EE-ah*）

假使你想要消除對金錢的擔憂並與金錢培養更有愛的關係，天使尼梅密亞可以幫助你感覺好上許多。祂們可以幫助你放下恐懼，樂於接受更多的資金流動。祂們還可以啟發你敞開來接納你的戰略天賦，真正致力於你的使命。

尼蒂卡（*Nitika*，發音：*nee-TEE-kah*）

在傳統的西方魔法中，這個靈不是天使而是「天界存有」（celestial being），據說是「美德」（Virtue）的化身，亦即一群支持奇蹟和顯化的天界存有。尼蒂卡溫柔而有愛心，然而卻非常強而有力，可以巧妙地幫助你解開亟需的現金、重新發現被遺忘的資金、吸引資源。祂們還可以幫助貸款申請順利進行，可以開門迎接意想不到的現金、獎勵、意外之財到來。來自尼蒂卡的魔法金錢顯化可以在一到兩週內很快地發生，而且祂們往往帶來超過財務要求的資金。

歐瑪艾爾（*Omael*，發音：*AW-muh-ell*）

這位天使可以幫助你從過去可能體驗過或目前正在經歷的任何財務創傷中痊癒。無論你的過去如何，歐瑪艾爾都可以幫助你感到有生產力和成功。當你感到筋疲力盡時，祂們還可以提升你堅持不懈穿越逆境的意志力，而且可以幫助你找到能量，追求你的企畫案、夢想、使命，不然就是建立或拓展你的業務。

佩達希艾爾（*Pedahiel*，發音：*ped-ah-Hee-ell*）

這位天使可以幫助你感覺被欣賞以及得到他人的認可。假使你想要增加朋友、家人、同事、追隨者、客戶，乃至信貸員的尊重度，那就召喚這位天使吧。佩達希艾爾賜予你美麗的內在力量感，而且一定會幫助他人感應到這股力量進而停止打擾你。這位天使也有力量擊退敵人並吸引粉絲和仰慕者——非常生動有趣。更重要的是，祂們可以幫助你欣賞你已經擁有的一切並感覺「足夠好」。這位天使加強使你信心大躍進的勇氣。佩達希艾爾幫助你被視為贏家，感覺因為你的努力而獲得回報。

波伊艾爾（*Poiel*，發音：*PAW-ee-el*）

波伊艾爾可以幫助你開啟通向財富與美好財運的道路。祂們也可以幫助你顯化內心最深處的渴望，使你對自己的財務未來充滿希望，而且將你的才能和獨特的創造天賦轉換成聲譽、財富、名望。這位天使可以幫助你在你所選擇的領域得到仰慕、崇敬、尊重——尤其是那些對你的靈魂歌唱的事業道路和企畫案。

拉多利艾爾（*Raduriel*，發音：*rad-OR-ee-ell*）

這是可以阻止你免於自我破壞的創意天使。當你陷入情緒的黑暗境地時，祂們可以幫助你振作起來，重新點燃你的熱情，啟發你創造契合內心最深層渴望的人生。拉多利艾爾可以重新連結你與你對自己的人生和企畫案的熱情，幫助你在世界上有創意地唱出屬於你的「歌」。

拉納迪艾爾（*Rahnahdiel*，發音：*rah-NAH-dee-ell*）

拉納迪艾爾不僅是天使，而且據說具體化現幾位天使的力量。拉納迪艾爾可以幫助你消融羞恥、罪疚或無價值感，這些可能會暗中破壞你從人生中獲得更多的能力。祂們是救世主，可以支持你繞過「有罪」的老舊程式。祂們也可以幫助你擁抱和接納你本來的樣子。

賽克希亞（*Sekeshiah*，發音：*sek-esh-EE-ah*）

談到這位天使，就想到各種形式的豐盛。賽克希亞結合許多天使的力量，為的是用大量豐盛的能量「滋養」你內在的財富花園。這位存有也賜予你一切需求均毫不費力地得到滿足的感覺。祂們可以撲滅你對金錢的任何恐懼，使你得以敞開來接納周遭無限的豐盛之流。這位天使可以幫助你感覺好像你是蒙福的，而且你投入能量的一切都可以且將會輕易地轉變成金子。

希塔艾爾（*Sitael*，發音：*SIT-ah-ell*）

這位天使可以幫助你扭轉一連串的不幸，外加詛咒和負能量。假使你經歷了一連串的不幸，這位天使可以協助你蛻變這個模式，擴展你人生中的可能性。此外，祂們可以幫助你言出必行，信守對自己和他人的承諾。希塔艾爾也可以支持你擴展你所從事的工作的範疇，可以打開通向下一層級、升級版人生的大門。

維胡亞（*Vehuiah*，發音：*veh-HOO-ee-ah*）

維胡亞可以幫助你在更深入的層面理解自己是領導者，而且指引你成為所在領域的革新者。祂們可以幫助你克服被拒絕的恐懼同時全面提升你的勇氣，使你可以勇敢地站出來，不害羞地提供你的服務，以及請求他人協助。祂們還可以賜予你堅持不懈地度過低迷時期以及完成任務的能量（這包含你感覺自己「太過渺小」或好像冒名頂替的任務）。

維烏利亞（*Veuliah*，發音：*vee-OO-lee-ah*）

維烏利亞往往被視為喜樂與豐盛的天使，祂們可以幫助你吸引來自內心的財富，啟發你從事感覺美好、服務他人的工作，但也可以在財務方面獎賞你。這位天使可以幫助你擋掉沿途的負面人物與心懷怨恨者，讓你可以保持堅強、高尚、承諾於令人讚歎的路程。

耶亞耶爾（*Yeyayel*，發音：*yeh-YAH-ee-ell*）

這位天使可以幫助你吸引好運與財富，提高你在社群內外的聲譽。請好好思考成功、聲譽、名望。祂們可以協助你培養內在的領導感，克服害羞或內向，讓你可以與你的社群以及更寬廣的世界分享你的創意和服務。祂們也可以幫助你成為談判大師，因此如果你必須簽約或建立商業契約或其他合同，請與耶亞耶爾合作。祂們可以幫助這些談判更順利地進行。

大天使

夏彌爾（*Chamuel*，發音：*CHAM-you-ell*）

這位大天使被譽為和平天使。祂們可以幫助你放下完美主義，釋放極端的自我評斷。祂們也可以幫助你釋放干擾內在平靜感的低階情緒，使你學會透過愛和慈悲的透鏡看待任何課題或問題。夏彌爾可以將你包裹在溫暖而舒適的毯子裡，讓你感到安全，可以踏上旅程，無畏地向前邁進。

加百列（*Gabriel*，發音：*GAY-bree-ell*）

大天使加百列據悉可以幫助父母照顧孩子；不過，就我們的目的而言，這點也延伸到創意或商業活動。當你即將誕生新企畫案的時候，這位天使可以增強你的前瞻力。加百列被譽為信使天使，可以賦予你力量，使你在生活中有創意，也可以與他人分享你的藝術和獨特訊息。祂們還可以幫助你成為傑出的溝通者，因此如果你的工作涉及任何類型的訊息傳遞，例如公開演講或寫作，加百列將會支持你完成所有那些事物及更多事項。這位天使可以賜予你戰勝自我破壞的動力，幫助你克服通常阻礙你向前移動的財富障礙。在西方魔法中，加百列往往與西方有關聯。

約菲爾（*Jophiel*，發音：*JO-fee-ell*）

假使你知道自己有負面的傾向，我知道單是這位天使就可以幫助你睜開眼睛，看見每時每刻的美麗與契機。祂的名字是大天使約菲爾——美的天使。約菲爾可以賜予你不讓人感到被迫而是非常真實的正向視角轉換。祂非常擅長將陰暗、沉重、負面的想法，蛻變成較為輕盈、比較樂觀的想法。因此，拋開那個腐臭的思想，邀請大天使約菲爾幫助你看見始終圍繞著你的驚奇、希望、靈感。

麥達昶（*Metatron*，發音：*MEH-tah-trahn*）

大天使麥達昶被認為曾經是人類，而且據說曾經為人類帶來寫作和書籍。

被譽為擁有一切造化的藍圖的大天使麥達昶，擔任人類與神性之間的橋梁。據說祂將神性能量從「本源」一路向下導引至地球。麥達昶指引我們大家善用自己的靈性力量，協助服務人類。祂的主要訊息是：「你的神性力量總是唾手可得。」在儀式魔法中，祂往往與我們上方的空間有關聯。

麥可（*Michael*，發音：*MY-kuhl*）

大天使麥可是兇悍、強大的戰士兼保護者，可以清理負面情緒和奠基於恐懼的能量。《聖經》、《摩西五經》（*the Torah*）、《古蘭經》（*the Koran*）裡都提到過祂。大天使麥可最著名的傳說是祂打敗了撒旦。假使你覺得需要保護或需要幫忙擊倒內在的妖魔，大天使麥可就是可以召喚的大天使。祂可以幫助你清理所有阻礙你追求夢想的能量，也可以幫助你發現你的人生目的。假使你期待凌駕負面性並邁入下一層級的愛、喜樂、財富，大天使麥可就是你希望在旁陪伴的大天使。祂代表南方。

拉斐爾（*Raphael*，發音：*rah-fah-ELL*）

大天使拉斐爾利用「造化」（Creation）的神性復原能量在身體上、情感上、靈性上治癒人類和所有其他動物。祂可以在靈魂層次治癒人類，幫助人類消除業債以及解決成癮問題。這意謂著，也可以召喚祂療癒可能會阻斷財富之路的任何自我破壞面向。拉斐爾與東方有關聯。

拉吉爾（*Raziel*，發音：*RAH-zee-ell*）

拉吉爾被譽為大天使們的首要魔法師，祂是深奧智慧和宇宙法則的大師。祂擔任宇宙奧祕的守門者。祂掌管塵世與靈性層面之間的帷幕，幫助人類更為強而有力地與天使界連結，促使祈禱與魔法意圖可以更清晰地被傳達。祂統治一切奧妙、神祕、形而上的事物。夢、心靈開發、物質與靈性世界之間的溝通是祂的專長領域。祂可以幫助你運用你的所有感官體驗神性的指引。當你想要深入理解靈性、提升你的魔法和心靈能力，或找到意想不到的奇蹟時，請召喚大天使拉吉爾。

聖德芬（*Sandalphon*，發音：*SAN-dahl-fun*）

大天使聖德芬以照管塵世間、收集人類的祈禱、將祈禱帶給「神聖造物主」（Divine Creator）而聞名。因此，聖德芬往往被認為有助於顯化力量，對於激發你剛剛找到、要吸引更多財富和成功的承諾而言，這點非常重要。祂也可以賜予你需要的耐力和韌性，讓你達成你得到召喚所要做出的改變，促使你的人生與更多的財富相映。聖德芬被描繪成居住在我們的下方。

烏列爾（*Uriel*，發音：*YOOR-ee-ell*）

烏列爾的名字意思是「上帝之光」。祂非常善於提升聰明才智與心智清明度，而且可以用絕妙的想法以及對任何疑問的洞見照亮你的心智。祂也因煉金術而聞名，可以幫助你將任何東西（包括你想要顯化財富的意念）轉變成金子。假使你需要增長智力、清除頭腦中的心智迷霧、清明地了解你需要做出什麼抉擇或解決某個問題，請召喚烏列爾。祂可以幫助你釐清與你的財務或吸引財富相關的任何事物。歸根結柢，祂可以幫忙照亮道路，使你看清顯化你的目標的後續步驟。烏列爾代表北方。

沙法爾（*Zaphkiel*，發音：*ZAF-kee-ell*）

假使你需要天使幫助你設置強力的邊界，尤其是與時間和能量有關的邊界，那麼大天使沙法爾（千萬不要與我在第一本著作《天使實驗》當中提到的大天使薩基爾 Archangel Zadkiel 混為一談喔）不遑多讓。祂們可以幫助你以真正允許你被周遭人聽見和尊重的方式溝通和表達你的邊界。祂們還可以幫助你擴展視界。假使你害怕嘗試新事物，或對於你有能耐成就的事物知之甚少，那麼這位大天使可以幫助你敞開來接納在人生中成長的可能性，也使你對新的領域敞開心扉。

透過通靈書寫與天使們建立關係

我第一次開始擁抱天使的實相時，並不是從書中了解祂們的。我只是跟祂們說話，彷彿祂們是真實的人，就站在我身邊。我隨意與祂們聊天，向祂們求助，藉此建立我與祂們的關係。

因此，我總是鼓勵跟你一樣的人們將心中的懷疑擱置一旁，單純地樂於接受天使可能是真實的且現在就在房裡陪伴你的觀念。容許這有可能就是真相的簡單行為，可以為你打開美麗與機會的大門。

現在，由於理解到天使可能就在那裡等待著與你聯繫，我最愛與這些存有培養比較個人關係的方法之一，是一個叫做「通靈書寫」（channel-writing）的過程。通靈書寫是不費力而美妙的方法，可以幫助你與感到被吸引的特定天使建立真實的連結。做到這點的最佳方法是從我稱之為「量子祈請」（Quantum Invocation）的強大練習開始。

「量子祈請」是快速的萬用練習，你可以運用此法基於你可能需要的不管什麼事物召喚天使。在後續的內容中，尤其是第四章和第五章，你將會幾次動用這個技巧，但是讀完本書之後，這個練習還是可以好好為你服務。

「祈請」（invocation）表面上很類似「祈禱」（prayer）；不過，祈請實際上是邀請神性活在你的內心裡和頭腦中。這個技巧不僅快速，而且幫助你學習如何真正具體化現這些天使保有的正向品質，讓你可以及時真正地感受到那份轉變。經常執行量子祈請可以幫助你拔除財富花園中的雜草，以及為土壤施肥，讓致富的新思想以及致富的全新存在方式可以不費力地從你的內在湧現。

在你執行量子祈請之前，我希望你為此進入正確的心態。我希望你想像，天使不只是在你之外、前來協助你的存有。我希望你同時想像，祂們是你自己的天分和心理的隱藏面向，可以在你之內被啟動和喚醒。藉由使用量子祈請的技巧，在天使的幫助下，你正在請求並准許你的心靈的這個面向可以嶄露頭角並發揮作用。

量子祈請在早晨、休息時段或傍晚都很容易執行，一旦掌握到訣竅，它可以很快速地為你帶來結果。

你可以從下述步驟開始。

練習
5

通靈書寫的量子祈請

拿起一支筆和一張紙。

召喚上帝／本源／造物主以及大天使麥可，用愛和保護圈住你的空間。

選擇一位稍早閱讀本章時與你產生共鳴的天使。

接下來，閉上眼睛，想像你的頭頂上方有一片美麗的夜空，滿是明亮而閃爍的星星。想像那些星星代表所有不同的天使。大聲說出你選擇的天使的名字，說三遍，幫助你與這位天使的頻率和氛圍連成一氣，呼喚祂們來到你身邊。想像其中一顆星星從你周遭的無限空間中出現，像雪花一樣輕輕地落在你的頭頂上，然後進入你的身體。

然後想像那顆星星的光散發照耀，穿透你的身體，打碎陳舊的能量模式或障礙。想像、感應到或感覺到這光盈滿你的身體。允許它甚至從你的毛孔向外散發，然後溢出進入你周圍的空間。讓自己感覺到、看見、感應到、想像，或了解這個過程何時完成。需要的時間應該是最多五到十分鐘。

在你感覺到這位天使的能量從你的身體向外散發之後，盡你最大的努力去感覺、感應或想像這位天使現在就在你身邊，正在聆聽你的心聲。

接下來，你可以詢問一個簡單的問題，例如：「祢今天有什麼訊息給我呢？」一起初，天使的回應可能聽起來好像是你自己的想法和感受，但是那沒關係。在問過這個問題之後，簡單地寫下開始在你內在攪動的任何想法、感受、預感或體受感。請隨意詢問你感覺被召喚要詢問的不管什麼問題，包括與你人生中的特定擔憂有關的任何問題。

寫下出現的所有內容，即使一開始沒有意義。有時候，通訊線路可能會堵塞，因此越常執行這個過程，越有助於打開通訊線路。

書寫完成後，始終要感謝這位天使開口說話，讓對方知道可以平靜地離開。

＊＊＊

一開始很容易懷疑那樣的天使通訊是否真實，但是你越常練習，就越能辨別何時已經建立了真實的連結。執行這個簡單的練習，你可以接收到某些相當不可思議的資訊，甚至是你完全陌生的資訊。那將會幫助你學習建立自信同時信任自己的直覺。

特別注意在這個過程期間發生的任何體受感也是不錯的想法。有時候，天使和其他靈性盟友在場時會讓我們看見信號，而且每一位天使可能有不同的信號。偶爾，你可能會有刺痛感，感覺到涼爽的空氣或熱度，或感覺到平靜或舒適。只要一路走來好好注意這些事物，因為這幫助你變得更加敏感而且覺知到天使何時在你身邊。

如果你喜歡，可以召喚多位天使，但是一開始，我建議只要一次對一位天使有感覺。你可以與同一位天使合作幾天，然後換成與另外一位天使合作。這可以是很讚的日常修習，許多人藉由這樣的做法培養個人與天使的關係。

另外我要提到的是，與天使或任何靈性力量合作時，務必運用辨別能力。真實的天使聲音通常為我們帶來希望、可能性、慰藉、正向的感覺。天使的聲音絕不是懲罰或負面的。假使你剛好遇到懲罰或負面的聲音，那通常屬於你的內在妖魔之一。不要理會它們，繼續調頻你的頭腦，對準正向的聲音。假使你感應不到任何東西，也可以請求那位天使更大聲且更清楚地對你說話。一遍又一遍地練習可以真正幫助你與天使建立真實的親密感。那是非常奇妙的感覺，也是奇妙的方法，天使藉此讓你看見，你並不孤單以及有許多愛和支持包圍著你。

＊＊＊

現在你已經大略了解了天使和盟友，那就到了該做一些內在調查的時候了。你是否好奇可能會接管你的內在財富花園、使其無法生氣勃勃的雜草？好奇可能會障礙你的財富魔法流動的是什麼？在下一章，你將會發現你的幾個最大財富障礙，而且學會如何一勞永逸地拔除那些該死的雜草。你將會學到被稱作「驅逐儀式」（banishing ritual）的古老技巧。在任何傳統的魔法嘗試中，驅逐儀式都是典型的第一步，而且這將會幫助你為十一天的財富儀式做好準備。你已經透過魔法做出了致富的強大抉擇，所以要準備好捲起袖子，開始工作了。

第4章

蛻變你的財富妖魔

你可以感覺到你的財富魔法花園開始發芽了嗎？我當然希望是這樣。為了讓你做好準備，迎接我們的十一天致富儀式，在這最後兩章中，我帶你完成幾個步驟，讓你對致富躍躍欲試。你很清楚你的意圖，而我給予你幾項簡單然而強大的練習，大大有效地提升你的儀式，幫助你的魔法財富花園蓬勃發展。此外，你將會見你的天使盟友，祂們會幫助你達到下一層級的財富。為了進一步做好準備，我們現在將要探討雜草——可能會威脅你的財富花園的妖魔。

你聽過「新層次，新妖魔」這樣的說法嗎？談到財富增長，這句話描述的內容極其重要。你最好相信，每當你在人生中做出重大的改變，或努力爭取更多的成功、愛或力量的時候，你也可以預料到這一路上會面對更大形式的全新阻抗。當事物變得有點兒艱難時，許多人會偏離原本的目標，而我不希望這事發生在你身上。每一次重大的升級都伴隨更大的考驗，而我希望你可以覺察到某些考驗，從而戰勝站在你與你的美麗夢想之間的妖魔。

身為轉化蛻變方面的演說人兼領導者，我有幸輔導和培訓執行長、企業家、電氣技師、聯邦調查局（ＦＢＩ）探員、髮型師、治療師、全職父母，以及介於其間的每一個人。多年來我發現，多數人都被許多同樣陰暗、險惡的勢力所困擾，而且成為那些勢力的傀儡。現在，你可能會認為我指的是撒旦和撒旦的爪牙，但其實不然。我發現了遠比那些傢伙更具毀滅性的勢力，而且它們將會不惜一切代價地阻止你達成下一層級的財富和成功。我所說的勢力是你自己真實且非常隱祕的「內在妖魔」（inner demon）。

你的內在妖魔是終極的財富障礙，它們在每一個關鍵時刻竭盡全力地阻止你成功。它們非常擅長將陰暗的想法和敘述投射到你的腦海之中，使你崩潰，充斥著自我懷疑。內在妖魔利用你的痛苦、你的過去、你陳舊的財務和個人創傷，它們利用那些負面性麻痺你，使你無法聚集能量繼續前進，讓你相信你的遠大夢想是不可能的，你沒有能耐在人生的任何領域做得更好。內在妖魔實在很擅長它們的所作所為，而且由你決定是否要了解它們，使你可以在惡魔自己的遊戲中戰勝「惡魔」。

向你的妖魔問好

在本章中，我將會介紹你認識我一路上遇到的某些最危險的內在妖魔，幫助你避開它們的陷阱。藉由意識到這些聲音，你可以削弱它們的力量。別讓那些妖魔阻止你，你可以敏捷地繞過它們，繼續走在邁向更加成功、更多財富、更為神奇的人生道路上。誠如「放克瘋」（Funkadelic）樂團的喬治・柯林頓（George Clinton）所說的：「解放你的頭腦……你的屁股就會跟進。」就積累財富而言，這句話同樣適用。

探索這些內在妖魔時，要了解哪些妖魔對你來說最為活躍。你可能會發現，你與其中大部分或全部的妖魔纏鬥。假使情況如此，請不要沮喪。在任何蛻變過程中，第一步都是單純地變得比較自我覺知。知道它們存在就成功了一半——天使可以幫助你完成其餘的事。

在本章每一節的末尾，我都會分享一些練習、提示、可以召喚的特定天使。針對打敗這些內在妖魔，這將會為你提供美好的開始。此外，我們將在本書後續的十一天儀式期間，更深入地與這些天使合作以及與這些妖魔互動。

一、羞恥野獸

阻礙人們達成下一階財富和成功的勢力不少，其中數一數二既陰險又具毀滅性的是一隻叫做「羞恥」的小野獸。不幸的是，羞恥是機會均等的妖魔：我見識過羞恥毫不費力地在我的人生以及我所服務的個案及領導者的人生當中大肆破壞，包括形形色色的年齡、種族、國籍。

羞恥無所不在，而且極其狡猾。它可以使你相信你並不喜歡分組討論；舉手；與人相處；做市場行銷、銷售、公開演講；或者，老實說，展現自己，讓自己在任何方面被人看見。「羞恥野獸」甚至可能會使你相信你很害羞或內向，然而實際上，這份「害羞」的根源往往只是偽裝的羞恥。

羞恥使你無法展現真實、脆弱易感、被人看見，使你無法分享你的真實本性。它使你不斷局限自己，無法展現真正的你，而且可以阻止你更全然地踏入你的下一領導層級。羞恥使你背離本性，而且把真正的你當作人質。

你可以看見嗎？被這個內在妖魔困住，如何使你特別難以在人生中強而有力地前進，邁向獲得更多的財富。假使你陷入羞恥的漩渦且背地裡為自己的存在而道歉，那麼承認自己的力量便充滿挑戰。

成年人體驗到的羞恥感往往大受童年時期接收到的訊息影響。我們吸收那些早期的訊息，對自己和我們的人生做出假設，於是因此為自己寫了一則脫離較大的財富和成功的故事。可悲的是，太多成年人相信「羞恥野獸」的聲音，因為他們終其一生都在聆聽那個聲音。

我相信「羞恥野獸」真的是所有財富障礙的魔王撒旦，它位於你的財富花園內發芽的許多雜草的根部。除非羞恥得到解決且大聲說出它的真實身分，否則你將會繼續卡在雜草之中，玩著羞恥的遊戲。

花點兒時間感受一下羞恥在你的人生中已經扮演過或正在扮演的角色。這對你來說可能是件大事，假使確實是件大事，我希望你不要錯過。我喜愛與天使合作的原因是，祂們慢慢但肯定地幫助我相信我的人生有更重大且更美好的東西——即使我與「羞恥野獸」纏鬥。

就跟天使們為我所做的一樣，祂們也可以幫助你蛻變這隻小野獸。可能是解放你自己的時候到了，要你不再相信羞恥告訴你的謊言，讓你可以成為你來到人世間所要成為的人、活出你預想的人生、以更宏大且更寬廣的方式為他人服務。

因此要準備就緒，開始運用下述練習，將羞恥踢出你的人生的花園。

練習6

羞恥滌淨儀式

你有沒有感應到，「羞恥野獸」正在跟你玩？這裡有一個小小的練習可以幫助你讓它鬆手。

拿一張紙和一支筆，閉上眼睛，安靜地坐著，透過幾次呼吸放鬆下來。

讓自己完全來到當下此刻。接下來，請羞恥告訴你，它躲藏在你身體內的什麼地方。給它幾分鐘。你可能會感覺到肌肉的某處變得緊繃、緊張、寒冷、炎熱、沉重或刺痛。它可能會以各種方式顯化，所以給它一些時間，直至你感應到羞恥今天為你出現在身體的什麼地方為止。

接下來，反問自己這個問題：「我真正感到羞恥的是什麼呢？」允許答案開始從你的內在冒出來。儘量不要去評斷為你湧現的東西，而是寫下浮出表面的一切事物。多次反問自己：「我真正感到羞恥的是什麼呢？」而且不斷記錄浮現的想法、圖像、記憶。藉由一遍又一遍地詢問，你可能甚至會撞見非常老舊的記憶和事件。

一旦你把這一切寫下來，就立即為自己創建一場小小的羞恥燃燒儀式。要找到一種在紙上燃燒記憶的安全方法。召喚你的最高指導靈和天使，想像祂們站在你身邊，請求造物主／上帝／本源以及你的所有神性盟友，將你從這些陳舊的感覺中釋放出來。仔細看著那張紙燃燒，而且在它燃燒之際，想像儲存在你體內的所有羞恥能量正在燃燒，而且那些記憶也隨之燃燒。

好好感受伴隨這場儀式而來的解脫感，而且好好感恩造物主／本源和你的天使們持續幫助你擺脫這個妖魔的掌控。假使你喜歡這個儀式，我應該提到的是，你不必只做一次這個練習。你可以愛做幾次就做幾次，次數不限，日數不限。尤其如果你知道羞恥對你來說是件大事。

天使盟友：若要深化羞恥滌淨的過程，你或許應該與哈哈赫爾合作，哈哈赫爾是技藝高超的支持源頭，可以幫助你在內在感覺更加強大。這種內在力量幫助你超越和釋放羞恥，允許你更全然地表達自己。這位天使可以為你帶來更多的自信與自尊，讓你的自我表達可以更加真實。

二、「我超爛」妖魔

「我超爛」妖魔從各種角度攻擊你的自信，使你充斥著大量的自我懷疑。這位妖魔深深植根於羞恥之中，而且它不斷地勸說你不要在生活中採取將會為你帶來更多愛、更多喜樂、（以及是的）更多財富的行動。這個小惡魔十分擅長要你始終如一地貶低自我價值，使你躲藏在人生的邊線而不是真正粉墨登場。

你可能頗為熟悉「我超爛」妖魔的若干經典歌曲。它唱的某些歌曲現在甚至可能在你的頭腦中反覆播放——例如「我不夠好」、「我超不會理財」、「我不配」、「沒有人喜歡我」、「我不屬於」是這個妖魔的幾個最愛。那些話聽起來很熟悉嗎？對於喜愛與這位妖魔共舞的人們來說，它們絕對是經典老歌，而且是美好的老歌。

當我針對擴展財富能耐以及提升業務、事業、人生層級而輔導一個個團體並對這些團體演說時，我發現許多人都有一個基本信念，認為他們大致上很糟糕或不配擁有更多。有時候，這些不夠好的感覺是一輩子的苦苦掙扎。有時候，這些來自童年早期，不然就是我們可能從社會上取得的訊息，認為自己就是不配得，因為我們的膚色；我們的性別、性取向或性別認同；或使我們獨一無二的另一個真我面向。

從事天使工作，我所學到的是，每一個人內在都有一股驚人的力量，可以拆除「我超爛」妖魔對自我心靈的束縛。我相信每一個人都有必要直接面對這個妖魔，不只是為了我們自己，也為了幫助和啟發他人做到同樣的事。

你身上可能有「我超爛」妖魔的跡象如下：

- 一天中的大部分時間，你都覺得自己不夠好。
- 你覺得自己不如別人。

- 你不信任自己，感覺好像你就是會把每一件事搞砸。
- 你不斷地告訴自己你超爛，而且真的相信了。
- 被冤枉的時候，你很難為自己辯護。
- 你時常認為別人的感受比你自己的感覺重要。
- 你對為你的服務收費或提高價格感到罪疚。
- 一部分的你感覺好像你本該受罰。
- 有人告訴你，你超爛，而你相信了。
- 人們告訴你，你太厲害了，你卻不相信。

何不列一份這樣的清單呢？你看見我列出了你身上的任何特徵嗎？假使答案是肯定的，我為你雀躍，因為我知道，今天是你開始放開那個妖魔的日子。

你可以完成我在下方為你帶來的練習，由此開始。

承認你自己超厲害

在你的魔法書中完成下述內容。

安靜地坐著，列出所有使你覺得不配得到更多財富的想法。然後寫下每一個那些想法的反面。舉例來說，假使你寫下的是「我不夠聰明」，那麼就在這句話旁邊寫下「我是天才」之類的句子。

接下來，你將會運用呼吸來完成某些天使療癒。首先，花點兒時間，讓自己歸於中心，召請你的指導靈和天使，請求你的天使將你從你寫下的負面想法和感受中釋放出來。你甚至可以想像天使進入房間，將負面的想法和感受從你身上帶走。呼氣時，想像你正呼出所有的負面想法。好好感覺天使們從你身上帶走這些陰暗的想法和感受。現在請求天使幫助你感受並相信你寫下的正向陳述句。吸氣時，想像造物主／上帝／本源和天使們運用你寫下的所有美好想法和感受填滿你。

等待，直至你感覺到體內有絲毫的轉變為止。有時候，人們可能會感覺比較輕盈些，不然就是比較平靜，或更加放鬆。一旦感應到內在有些轉變，你就準備好要狂歡慶祝了。

隨意複製你的魔法書中的正向陳述句，新增至你的財富祭壇上，並請求天使不斷幫助你具體化現這些新原則。你也可以運用你寫下的正向陳述句作為日常的肯定語句，提醒自己你其實超厲害。假使你正在尋找某些令人驚喜的財富肯定語句的靈感，不妨造訪我的網站 AngelWealthMagic.com/Resources。那裡有數百則財富肯定語句供你選擇。

天使盟友：在與「我超爛」妖魔（以及「羞恥野獸」）作戰時，佩達希艾爾可以幫助你。事實上，單單這位天使就可以支持你對抗許許多多的內在妖魔。佩達希艾爾可以為你灌輸宏偉莊嚴的品質。這種品質最初可能看似傲慢，但是由於佩達希艾爾的協助，你很快就會覺得自己確實配得這種品質，而且你足夠美好，可以領受生命提供的一切。祂們可以幫助你欣賞自己以及感覺得到他人的讚賞。假使你需要在你的圈子裡得到崇高的敬重，這位天使可以幫助你尊重自己，也得到更多的尊重，包括朋友、家人、同事；你的上司、粉絲、客戶；信貸員；以及其他任何人。

三、騙子妖魔

「騙子妖魔」（Imposter Demon）與「羞恥野獸」和「我超爛」妖魔息息相

關，但是值得單獨提及。據估計，七〇%的人們都與騙子妖魔或騙子綜合症奮戰著，而且要明白這點：最常與騙子妖魔奮戰的人們往往成就極高。

這位狡猾的妖魔讓你覺得好像你在工作中作假，於是擔心最終「人們」一定會發現你是騙子、江湖郎中、說謊的人、作弊的人或冒名頂替者，而且不合格或沒能力。你沒做錯事的時候，這些想法和感受就可能會出現。這個妖魔不斷地使你懷疑自己的能力、技能、成就、人生體驗，即使你確實是所在領域的專家。

我曾與目標驅動的成功人士共事過，他們畢生與這個妖魔奮戰。騙子妖魔可能會使你相信，你還沒有準備好迎接人生中下一次大力前進。它將會阻止你完成諸如此類的事：為下一層級的工作提交簡歷、要求加薪或升遷、開設 Etsy 商店（譯註：Etsy 是一家美國網路商店平台，以手工藝成品買賣為主要特色）、或為你想要建立的新公司籌集資金，因為你感覺好像並不真正知道自己在做什麼，即使你其實正在執行。

假設你夢想成為下一位啟發人心的大演說家，但是卻與抑鬱症奮戰著。由於這個妖魔，你可能會阻止自己追求那個夢想，因為你可能會覺得好像自己是騙子。或是也許你想要成為一流的關係專家，但你正在辦理第三次離婚。這個妖魔可能會欺騙你，使你相信，你的關係需要百分之百美好，你才有資格幫助他人，而真相是，身為有真正人類問題的人類並不會削弱你的專長。假使離婚帶來什麼影響，那麼它將使你更加體貼。

如你所見，騙子妖魔非常擅長製造假象，要你留在「安全區」。而且，是啊，「安全區」是可以造訪的好地方，但是如果你想要建立長期、永續的財富，那不是該停留的地方。所以，假使騙子妖魔目前正在捉弄你，千萬不要讓它得逞。它只是在設法貶低你，使你無法成為全然令人驚喜的自我。你跟其他人一樣有權利分享你是誰、你的天賦、你的訊息。

所以，跟我一起說：「我屬於這裡，我有權利在這裡，我有特別的東西要分享喔！」假使你準備好要驅逐騙子妖魔並開始宣稱更多令人讚歎的你，不妨從運作下述練習開始。

練習 8

將騙子妖魔踢到路邊去

在你的魔法書中完成下述內容。

召喚你的天使們，坐下來，讓自己深入感受人生中哪些地方你仍舊感覺自己像個騙子。把那些內容寫下來。

你一直有哪些想法讓你覺得自己像個騙子呢？請求天使們幫助你放下那些想法，擁抱你的天賦和價值。

接下來，寫下你的許多成就以及你多麼有價值和足智多謀。寫下你值得被愛、被尊重、被關心的所有理由。允許你的心告訴你，為什麼你有權利發光發亮和致富發財。寫下在哪些方面你不是騙子。讓自己真正感受你已經提供世人的祝福和禮物。假使天使曾向我展示過一件事，那就是，每一個人類的內在都有一味非常特殊的藥，它美麗而獨特，可以支持他人。那包括你在內，所以，承認它的時候到了。

經常回顧你寫下的這篇內容，提醒自己你有多讚。

天使盟友：支持這個練習的天使是維胡亞。維胡亞可以幫助你度過被拒絕的恐懼，全面提升你的勇氣，將你的領導能力提升至下一層級。祂們可以幫助你建立自信，使你懂得分享你的工作、展現自己、不會羞愧於提供你的服務。

四、自我破壞妖魔

就暗中破壞你的目標以及更廣闊的人生願景而言，自我破壞妖魔（Self-Sabotage Demon）的做法令人難以置信。假使你曾經有過得到啟發的遠大夢想，結果在快達到終點便不再感興趣了，那麼你就是遇見了這個妖魔。

這是我個人最大的敵人之一，所以如果你是自我破壞分子，我可以感受到你的痛苦。自我破壞妖魔使你做出降低自尊、分散注意力、在抵達目的地之前阻止你進步的行為。

自我破壞妖魔可能會以幾種有創意的方式出現在你的人生中，而且能否看清它的本質取決於你。拖延症、邊界不清、待在有毒的關係中、時間管理不善、害怕承諾、過多的個人生活中戲劇性事件或情節乃至上癮，全都可能是自我破壞妖魔就在附近的跡象。

除了上述比較明顯的症狀外，這個妖魔的影響有時候可能比較不著痕跡且不知不覺。這個妖魔可能會滲入你的頭腦中，表現成對你自己、你的人生或你的未來，持有一貫負面的想法和評斷。擁有過多的負面想法會使你失去動力，於是注意力分散，無法採取你得到指引所要採取的神聖行動，從而無法幫忙治癒你的人生——以及你的銀行帳戶。

如果自我破壞妖魔對你來說是件大事，沒有必要為此懲罰自己。我從未見過不以或這或那的方式與這個妖魔共事的人類。畢竟，我們是人類。你現在的任務是單純地意識到這個有創意的妖魔可能會以什麼方式跟你玩遊戲，因為它通常相當擅長躲藏在眾目睽睽之下。一旦你可以清楚地看見自我破壞，釋放它就變得容易許多——而且比較容易從你的財富花園中，拔除掉由這個財富障礙造成的雜草。

假使你是自我破壞大師，那麼我們有一套練習可以幫助你消弭這個妖魔。

練習9

自我破壞，門兒都沒有

在你的魔法書中回答下述問題：

- 我以什麼方式破壞自己，使我無法在人生中擁有更多？
- 我過去如何自我破壞以至於無法變得更加富有？
- 我現在如何自我破壞以至於無法變得更加富有？
- 我一貫認為的哪些想法可能會阻礙我無法獲得更多的財富和成功？

盤點一下你有哪些當前的行為、日常的習慣、重複的想法，並不符合或不支持你的財富目標。列一份完整的清單。然後反問自己：「為了變得更富有，我願意改變什麼呢？」讓想法流動，而且把想到的每一點都寫下來。回顧你寫下的內容，而且為了變得更富有，要承諾於至少改變一件事。

這個練習的目標是幫助你誠實面對你正在做的事，使你可以更加意識到自己的模式，以及做出有意識的抉擇，從而改變其中某些行為。

為了將這個練習提升到下一層級，你也可以寫信給天使，請求祂們幫你釋放掉這些行為，並以符合你下一階段財富的思想和行動取而代之。

天使盟友：拉多利艾爾是創意天使，可以使你不再自我破壞以及提升你的振動。祂們可以激發你的熱情，為你注入靈感、激情、創意的能量，使你擺脫低迷和自我厭惡，對世界「唱出你的歌」。

五、困惑妖魔

困惑妖魔（Confusion Demon）確實是偷偷摸摸的財富障礙。它也被稱作「猶豫不決妖魔」（Demon of Indecision），這與無法堅定地做出強而有力的抉擇息息相關。而我已經告訴過你，在財富顯化和魔法的遊戲中，做出抉擇是多麼重要。

困惑妖魔的作用是阻止你與你的靈魂連成一氣，以及讓得到啟發的行動無法踏上正軌，使你害怕你會做出錯誤或糟糕的決定。有時候，這個妖魔可能會使你執著於某個選擇，導致前進的進度被延遲幾週、幾個月乃至幾年。

這個妖魔也與害怕承諾息息相關。假使你不喜歡承諾且因更高層級的責任而退縮，這個妖魔將會利用那份恐懼導致你最終什麼都不選，甚至還沒有開始便放棄了點子和夢想。

舉例來說，當我與新創企業家交談時，他們可能很容易卡在最基本的抉擇上，這類事情簡單到跟決定他們的頭銜一樣：業主、執行長或領導（Grand Pooh-bah）。有些人可能會在做出這個基本抉擇時非常迷茫，導致靈感和動力減弱——全都是因為他們太害怕在芝麻綠豆大的小事上犯錯。假使你讓這個妖魔獲勝，諸如該使用哪套軟體、該聘用誰、該在哪裡投入，或該使用哪一種字體之類的決定，都可以大大減緩你的財富增長。困惑妖魔可以扭曲這類決定的重要性，讓這類決定幾乎感覺好像是生死攸關的問題。當然，在你積極地追求財富增長之際，這些可能是關鍵決定，但是這個妖魔過度放大那些事的重要性，導致有時候，人們完全放棄做出抉擇。

如果你是經常因猶豫不決而迷茫困惑或苦苦掙扎的人，那麼你需要認清這個妖魔的本質。它不過是分散注意力的東西，旨在減緩或阻止你進步。

在對付這個妖魔時，我學到的一件事情是，你必須首先領悟到，做出抉擇

（什麼抉擇都行）勝過再停滯兩週、兩個月或兩年。聖靈獎勵動態中的人們。所以，假使你發現自己卡在某個決定上太久，那就做出該死的決定吧。必要時，不妨投擲硬幣，而且不要太過擔心那是「錯誤」的抉擇，因為無論選擇什麼，你始終可以沿途做出調整、更正路線，幫助你與自己的目標重新契合。

不要讓困惑妖魔得逞。要承諾於做出決定，向前邁進，即使你並非百分之百確定你所做的決定是「完美」的決定。清明並非來自於過度思考。真正的清明來自於採取行動以及沿途做出調整。

假使你經常與感到困惑奮戰，不妨運用下述練習開始轉變這個妖魔。

練習10

驅散困惑

在你的魔法書中針對下述提示運作：

- 你發現自己經常說「我不知道」嗎？假使情況如此，說「我不知道」如何保護你呢？
- 你是否難以做出承諾呢？當你承諾時，發生的最糟事情是什麼？
- 困惑如何阻止你無法在現在的人生中進步呢？需要做出什麼抉擇才能使人生的指針更接近金黃璀璨呢？

天使盟友：天使丹尼艾爾可以幫助你釐清思緒並做出驚人的抉擇。假使你迷茫困惑，難以做出或大或小的決定，務必與丹尼艾爾連結喔！這位天使可以使你對自己的決定滿懷自信，也可以幫助你減少一路上可能攜帶的焦慮或沉重情緒。

六、完美妖魔

就跟困惑妖魔一樣，完美妖魔（Perfection Demon）酷愛阻止你步入正軌，它拖延你前進的步伐，使你永遠覺得沒有準備好，無法朝著你的重大財富夢想的方向邁出強而有力的一步。

以下是與這個妖魔有關的幾個問題：

- 你是否要求自己達到過高的標準？
- 你有孤注一擲的心態嗎？

• 你是否很少對自己所做的工作感到滿意？
• 你是否因為希望事情完美無缺而花費很長的時間才完成？
• 你是否對自己極其挑剔，即使別人對你說你做得很好？
• 你是否覺得為了把事情做對，你必須親自完成每一件事？

以上哪一句聽起來很熟悉呢？信不信由你，完美主義可以大大減緩你邁向更高層級的進程，而且它可以催眠你，使你深信，你必須跨越層層關卡，才能實現夢想。

這個妖魔希望你不僅工作必須努力，而且要非常努力，它為成功設置路障。假設你一直夢想成為超厲害的成功療癒師；這個妖魔可能會告訴你，你需要再取得十張證照才能好好展現自己。但是通常，這只是讓你緩慢下來的詭計。

這個妖魔也可能使你感覺好像迷失在細節的迷宮之中，認為你需要完美地執行那些細節，才能終於找到那份新工作、開始推銷自己、乃至展開你的新業務。因此，這個妖魔沒有幫助你走戰略上的捷徑，反而可能使你繞上過多的漫漫長路。

假使你太過傾向於完美主義，可能需要花好多年才終於感覺好像自己真的準備就緒，可以採取你想要採取的行動，邁向更多的自由、愛、財富。完美妖魔不希望你知道的是，「現在」就是完美時刻，該要開始採取行動、使你的夢想成真。這個妖魔也不希望你知道，創造既有些醜陋又不完美的東西勝過什麼都不創造。

你可能曾經要求完美或知道某人向來要求完美。你想要展開某項新業務，但是在把網站架設好方面卻陷入困境，不然就是花太多時間沉迷於調色盤工具和品牌創建，導致幾乎一年過去了，你才找到第一個客戶。沒有這個妖魔坐在你的肩膀上，你可能會以不同的方式處理事情，領悟到時間就是金錢，於是請他人幫忙完成細節。你會意識到事情何時「夠好」，能夠只花十分之一的時間便讓事情起步並成功贏得你的第一個客戶，不擔心一切需要完美無缺。

相信完美的任何事情都會剝奪你寶貴的時間，而花太多時間追求完美的結果，可能會大大削弱贏利底線。因此，與其等待完美的狀態到來，不如繼續前進，允許自己朝著更遠大的夢想完美地邁出不完美的步伐。這將會加快你的進度和成功。

假使你需要幫助戰勝完美妖魔，不妨從下述練習開始。

練習 11

使不完美變得完美

在你的魔法書中找出下述問題的答案：

- 完美主義如何影響了你的人生？
- 完美主義現在可能會如何減緩你的進度？
- 你的完美主義是從誰那裡學來的？
- 如果你不完美，會發生的最糟事情是什麼？
- 如果你不完美，會發生的最好事情是什麼？
- 你現在因為等待完美的時刻而拖延了什麼？
- 為了幫助你逐步前進，你今天可以承諾於完成什麼事？

天使盟友：大天使夏彌爾可以釋放極端的自我評斷，以及消融驅動完美主義需求的低階情緒，藉此幫助你放下完美主義。這位天使可以幫助你找到內在的平靜，使你學會用新的眼光看見任何想像的課題或問題。夏彌爾可以支持你以發自內心的靈活性和勇氣感覺向前邁進很安全。

練習12

驅逐妖魔的量子祈請

我非常雀躍，現在要分享我最愛的削弱妖魔力量的策略之一，讓你可以更輕易地開闢通向更多財富的道路。這是你在上一章學到的量子祈請技術的另一個版本。這一次，你要用它來快速消弭可能會阻礙你的致富之路的內在妖魔（或財富障礙）的聲音。以下是如何做到的方法。

回顧一下你的內在妖魔清單，選擇現在最困擾你的一項。接下來，選擇一位直接對治你想要消弭的內在妖魔的天使。

現在，閉上眼睛，想像美麗的夜空包圍著你，四周盡是明亮、閃耀的星星。想像那些星星代表一位位不同的天使。大聲說出你選擇的天使的名字三遍，幫助你與這位天使的頻率和氛圍連成一氣，並呼喚祂們來到你身邊。想像一顆星星從你周圍的無限空間中出現，像雪花一樣輕輕地落在你的頭頂上，然後進入你的身體。讓那顆星星安頓在你的腹部、心裡，或它覺得對你最好的不管什麼地方。

然後想像那顆星星的光散發穿過你的身體，打碎陳舊的能量模式或代表內在妖魔的陰暗網絡。想像、感應到或感覺到這光盈滿你的身體。允許它甚至從你的毛孔向外散發，然後溢出到你周圍的空間。讓你自己感覺到、看見、感應到，或知道這個過程何時完成。需要的時間應該是最多五到十分鐘。

請求這位天使幫助你具體化現你召喚這位天使所希望感覺到的不管什麼事物。舉例來說，如果我想要與維胡亞合作，幫助我驅散困惑妖魔，具體化現更多的意志力，我會說些諸如此類的話：「維胡亞，維胡亞，維胡亞，請求祢幫助我成為意志力大師。幫助我言行一致，幫助我保持承諾，絕不拖延。感謝祢。」

記住並肯定地表明你此刻選擇在內在啟動的品質。舉例來說，假使你現在為了自信而召喚洛威亞，請保有這個意念，直至你內在啟動的光，以自信盈滿你的身體並消融掉任何自我懷疑的感覺。

在這次祈請之後，要注意你的身體感覺如何。將你體驗到的任何轉變記錄到你的魔法書之中，而且如果有時間，請花點兒時間記錄你可能會接收到的任何直覺訊息。直覺運作一開始是非常不著痕跡的，所以即使你感覺好像自己正在編造什麼，還是要把內容記錄下來。

＊＊＊

我希望本章令你大開眼界，看見這些妖魔可能會如何滲入你的內在財富花園。誠如我之前提過的，知道它們存在就成功了一半。

天使希望你知道，你唯一的限制就在你自己的頭腦之中。時候到了，該要打開眼睛、內心、頭腦，接受這個可能性：在這些看似守門者的背後，有某件非凡的事等候著你。

要允許你與天使合作的過程開展，彷彿你正在解開某個偉大的奧祕。要允許天使重新點燃你的熱情和你的目的，於是祂們將會揭露那條等候著你、令人讚歎且金黃璀璨的道路。

在下一章，我會仔細查看白手起家的富人似乎共有的某些思維模式和特徵。這些特徵可以造就或破壞你的永續財富遊戲，所以我希望一定要與你們分享。要準備好，讓天使幫助你學習如何具體化現這些品質，快速啟動你夢想的富裕、神奇的生活型態。

讓我們繼續這場財富魔法派對，好嗎？

第5章

富人的魔法心態訣竅

既然已經跟你談過，財富障礙小惡魔可能會如何阻礙你的富裕生活型態，我現在想要分享某些魔法心態訣竅，它們可以加快你的財富顯化，幫助你的內在財富花園蓬勃發展。

在我自己的魔法財富積累旅程中，我認識過、輔導過、培訓過，某些相當了不起、神奇、極其成功的人士，也在他們面前演講過。這些人行走在靈性世界與創業的世界中，積累了數百萬美元，做著以心為本的工作。我發現，就我們在這趟旅程上努力實現的那種財富而言，與聖靈有強力連結且學會了如何過著美好的生活、為世界提供服務的人們是不可思議的榜樣。

我很高興可以分享這些精彩族群的某些關鍵習性和心態技巧，讓你可以開始聘請天使幫助你親自體現這些品質。財富和成功的心態有時候不會自然而然地出現在我們多數人身上，所以如果你發現自己與大部分這些問題奮戰著，請不要太苛責自己。天使們將這本書交到你手中，因為你做出轉變的時候到了，而且誠如我們之前討論過的，最好的時間莫過於當下。

在下述每一節之中，我結合了魔法書的提示、練習，乃至可以幫助你具體化現這些全新思考和存在方式的特定天使。就跟上一章一樣，在閱讀這些段落之際，請好好、認真、誠實地審視你在每一個類別中的表現。好好評估你對每一項的掌握程度，假使你需要提升自己身上的某些這類品質，不妨從落實我為你提供的練習開始。

金錢金錢，我愛你

白手起家的百萬富翁（甚至是以心為本、很有靈性的百萬富翁）都學會了要好好愛錢，而且放下了關於愛錢的負面感覺和制約。他們停止告訴自己金錢是邪惡的或金錢只為貪婪的人們服務，而且欣然接受了這個現實：金錢是令人驚喜的工具，可以用來服務他們的家庭、社群乃至全世界。

所以問題是，你對金錢——美鈔、現金、紙幣、硬幣——有何感受？我的意思是，你對金錢的真正感覺喔。你憎恨金錢嗎？你私下認為現金是邪惡的嗎？你討厭紙幣嗎？硬幣令你緊張嗎？你認為只有貪婪的人或壞人才有大量現金嗎？你憎恨有錢人嗎？

關於這點，快速檢查一下自己。假使你想要知道你對金錢的真實感受，不妨試試這個方法：安靜地坐著三十秒，讓自己思考一下金錢和你的財務狀況。想想你的銀行帳戶、帳單、信用卡裡的錢。這麼做的時候，注意你的身體和情緒發生什麼變化。當人們對自己做這番簡短的檢查時，有些人立即感覺到心跳加速或體驗到腹部緊張或胸口沉重。有時候甚至大汗淋漓啊！我知道我有過這樣的經驗。

所以你對金錢感到興奮雀躍嗎？還是金錢使你有些焦慮、挫敗或憤怒？假使關於金錢，你感覺到的並非全然美好，那麼該是給予你與金錢的關係一些愛的時候了。金錢是能量，而且它對你對它發出的能量做出回應。假使你花許多時間有意識或無意識地對它送出惡臭的氛圍，那麼你可能會意外地排斥著金錢而非吸引著金錢。那很像追求新的情人。追求新情人的時候，你會寫一篇看起來像這樣的約會文案嗎？

嗨，我是比利，我討厭約會。對我來說，約會從來沒有結果，因為我真的超不擅長約會，加上我實在不配得到愛。為了找樂子，我喜歡花時間生悶氣、暴打自己的腦袋、沿著「玻璃心小巷」悠閒漫步。

附注：我不相信愛情，床第間尤其十惡不赦，而且我早就對你懷恨在心。跟我聯絡吧。

比利聽起來像美味佳餚嗎？實在不像啊。比利會用不太熱情的文案排斥新情人，就跟他一樣，假使你對金錢的想法充斥著負面性，你最終一定會把金錢推開而不是吸引金錢。

假使任何這類關於金錢的負面性與你起共鳴，那就該是轉換心態的時候了。我希望你開始把金錢想成全新的情人而不是敵人。要保持開放的心態，對它保持好奇。要做出抉擇，轉換你對金錢的態度。花時間真正了解金錢，而且理解金錢背後的能量如何運作。

下述練習曾經幫助我和我的許多個案排除與金錢關係的毒素，重新建立關於金錢的健康心態。這類比較健康的心態，將會使你踏實地距離富裕的生活型態更近一步。

練習13

與金錢聖靈聊天

這項技術植根於「完形」（Gestalt）心理學，可以幫助你快速發現你的財富障礙，使你可以重建與金錢的健康關係。

花點兒時間首先在一張紙上寫下你對金錢的所有負面想法和感受。

拿出你的皮夾錢包，放在對面的桌子上或旁邊的椅子上。你的皮夾錢包即將代表金錢聖靈。

邀請金錢聖靈前來跟你聊天，彷彿你們一起享用咖啡或茶。

你即將詢問金錢一系列問題。在提出問題之間的時段，你會用內在之耳好好聆聽並感受金錢賜予你的答案。要信任來到你面前的資訊。

接下來，你可以詢問如下的金錢問題。請隨意更改問題或採用你自己的問題。我只是為你提供標竿，方便你開始：

- 金錢啊，你為什麼讓我有這樣的感覺呢？
- 為什麼我沒有更多的你啊？
- 我如何才能結識並吸引更多的你呢？
- 我如何才能與你建立更好的關係呢？

詢問你可能想到的任何其他問題。每次問完之後，務必仔細聆聽並信任你接收到的資訊；然後寫下答案。

在這個過程結束時，感謝金錢提供的資訊。感謝它已經在人生中賜予你的一切支持，而且讓它知道你已經準備就緒，要領受更多的金錢。

在你與金錢聖靈會面期間，好好反思並寫下你發現的事物。根據你們的對話，寫下你可以採取的某一具體行動步驟，開始療癒你與金錢的關係。

做這個練習的時候，多數人發現，金錢聖靈相當友好和善良。他們也發現金錢相當中性，並不像他們原本以為的「要出外尋找才能得到」。他們領悟到，他們的金錢狀況，只是他們對金錢的主要想法導致的結果。

如果你知道，你與金錢的關係需要下許多工夫，我建議你經常做這個練習，直到你愛上金錢聖靈且感覺好像金錢已經變成真實盟友為止。要記住，如果你愛錢，錢也會愛你。現在跟我一起說：「我愛錢，錢也愛我。」一直說這句話，直到你可以感覺到它的真實性為止，而且留神觀察金錢開始以種種神奇的方式流向你。

天使盟友：假使你渴望更多的幫助來深化你對金錢的愛，不妨與天使尼梅密亞一起做量子祈請。尼梅密亞可以幫助你開啟財富的流動，同時放下你對金錢的恐懼和擔憂。（如果你忘記如何執行「量子祈請」，不妨複習第三章的各個步驟。）

超級大膽

你曾經有過遠大的夢想嗎？噢，白手起家的富人與普通人之間的重大區別之一是，他們不僅擁有遠大的夢想，他們還有膽量採取行動步驟，將那些夢想化為現實。

大膽意謂著，為了實現你的驚人夢想，願意勇敢冒險。許多人想要提升他們的財富層級，然而其實並不願意冒險達到目的地。白手起家的百萬富翁們知道，創造財富不是觀賞性的體育活動，如果你想要大放異彩，就必須多少下點本。

大膽冒險也意謂著，你必須在某種程度上願意犯錯、願意失敗，願意承擔如果願景完全失敗，你必會遭到迎面痛擊。需要認真大膽，才能朝著更多愛、更多喜樂、更多財富的方向前進，因為當你在人生中強而有力地前進時，你無法保證事情一定會成功。

大膽還意謂著，願意沿途做出某些犧牲，為你的遠大夢想騰出空間。有時候，為了成就大事，你需要犧牲時間和金錢之類的東西。白手起家的富人們認為，諸如此類的犧牲根本不算是犧牲。他們知道，這些「犧牲」其實是投資自己的未來，很有可能獲得相當驚人的回饋。而且假使你想要轉換成致富的心態，也需要如此投資你的夢想。

一開始，做出這些類型的投資可能會感覺好像風險很大。我親身體驗過這點。在我的孩子還很小的時候，天使們便開始啟發我跳脫框架，將我的事業從單純的心理治療師擴展到成為國際轉化蛻變的領袖。這是宏大、嚇人但也令人雀躍的願景，而且關於朝這個方向起飛，我一無所知。

此外，我並不知道如何開始自己的國際業務，因此不情不願地決定聘請一位企業教練。這麼做的時候，我竟然哭了，因為成本比我覺得好像自己負擔得起的金額高出許多。另一部分的我覺得，聘請企業教練勢必浪費大量時間，因為我認為我八成會放棄（嗨，「羞恥野獸」和「我超爛」妖魔）。我感覺好自私、好罪疚，居然從家人那裡取走那筆錢，因為這感覺好像一場巨型賭博（又是同樣的妖魔）。但是我決定要冒這個險，而且無論如何要大膽行動，完成這件事。

事實上，那次聘請教練輔導確實在前五個月失敗了。我沒有賺到一塊錢，因為我帶著我的點子和我想要創造的事物到處跳來跳去（困惑妖魔）。所以那時候，我的教練要我坐下來，說道：「你只剩下一個月。時候到了，該要選擇你的產品（打敗困惑妖魔）然後發一封電子郵件給你的群眾，邀請他們來看看你要提供的不管什麼東西。」我非常渴望提供一段六個月的直覺療癒培訓，但卻對這個想法感到麻木無力，因為不確定自己能否成功（騙子妖魔）。我很恨教練要我這麼做。那對我來說很可怕，因為我體內幾乎每一根骨頭都知道一定會失敗（「我超爛」妖魔）。就這樣，我深深地祈禱，完成了某些天使儀式，然後鼓足勇氣發送那封該死的電子郵件。

額頭冒汗的我設法點擊了「發送」按鈕，在發送那封電子郵件後的七十二小時內，我的年收入翻了一倍。竟然有人報名了！那突然間令人雀躍又困惑。這是我運用我在本書中教導你的某些原則，體驗到的第一個財務奇蹟，而且它撼天動地……以一種美好的方式。它撼動了我認為有可能為我自己和我的人生造就的一切事物。而且它之所以發生是因為我終於鼓足了勇氣，不再聆聽我的內在妖魔，同時依據我的夢想採取行動，即使我的內在妖魔正在竭盡全力阻止我。點擊「發送」按鈕是一種特殊的折磨，但我還是點擊了。

要記住的重點是，天使可以為你落下驚人的靈感，創造下一層級的財富，但其餘的就是你的工作。祂們無法獨自為你完成所有繁重的工作。當你追求更高層級的巨額財富時，你可能還需要採取某些嚇人的步驟才能將願景轉變成現實。因此，當你正在採取行動實現你的遠大夢想且感覺驚恐不斷積累時，請不要逃跑。要大膽。無論如何就是採取行動。要繼續前進，即使你因恐懼而大汗淋漓。誰知道呢，在那份驚恐的另一邊可能有奇蹟等候著你。

現在，我想要請問你，按照等級一到十，你有多大膽呢？你為了追求夢想而承擔正向風險的意願有多強呢？你是否有膽量確實相信並執行你的夢想，即使你的夢想感覺好像賭博而且你不確定是否會成功？

假使你不這麼做，也沒關係。下述的魔法書運作和天使盟友建議應該可以幫助你開始。

練習14

激發你的膽量

好好反思下述問題，並在你的魔法書中寫下你的回應：

- 你的遠大財富夢想是什麼？
- 為了讓這個夢想成為現實，你願意冒什麼風險？
- 為了這個夢想，你願意做出哪些犧牲或投資？
- 假使你追求自己的夢想而夢想卻沒有如你所願實現，那麼可能發生的最糟事情是什麼？

- 假使你鼓足勇氣，做出犧牲，而且事情確實成功了，那麼可能發生的最好事情是什麼？讓你的身體感受這份令人讚歎的結果。
- 可以幫助你採取行動，將財富夢想轉變成現實的某個大膽行動步驟是什麼？承諾在本週採取那個行動。假使不是每天反問自己這個問題，至少每週要詢問自己一次。

天使盟友：與可以幫助你鼓足勇氣並集結力量、將夢想轉變成現實的天使哈伊艾爾一起嘗試量子祈請。祂們可以幫助你集中心神，針對自己的夢想採取行動，大膽地為世界提供下一層級的服務。

真正的樂觀

思考你的人生和你的未來時，你通常有負面的想法或正向的想法呢？你傾向於成為充滿希望、樂觀的人？還是傾向於比較悲觀且消沉而陰鬱？

在創造長期永續財富的旅程上，不易改變的負面心態可能是你的巨大路障。我一路走來遇見的成功人士往往真正地樂觀。此刻，我所說的「真正地樂觀」，並不是說他們相信只有好事會發生在他們身上。他們不妄想，當事情變得艱難時，他們也不避開心中比較陰暗的感受。他們通常相當扎根於現實，意思是，他們覺知到自己的心魔、恐懼、疑慮，以及下一個企畫案有可能會失敗。

讓這些成功人士真正樂觀的是，當人生拋給他們檸檬時，他們便運用檸檬，他們對檸檬好奇，他們向檸檬提問，他們向檸檬學習，而且他們知道，當事情確實變得艱難時，那是暫時的。他們知道，他們最終必會發展出一套運用那些檸檬製作檸檬飲料的策略。

在我發送那封使我的年薪翻倍的電子郵件之前，我有自己的酸檸檬體驗。大約九六%的我相信，這封電子郵件勢必失敗，而且沒有人會回覆。但是另外四%的我卻有不同的感覺，它對發送那封郵件感到興奮雀躍。那四%的我思考著，假使這事竟然真的成功了，該怎麼辦？會不會很驚人呢？答案當然是肯定的。因此，由於天使們的幫忙，我能夠全然投入那四%的誠實樂觀並點擊「發送」。

我希望你知道，為了讓驚人的事情發生，你不必假裝感覺百分之百同意。你不必「假裝到你成功為止」。一開始，你需要的只是能夠聽見你內在一些真正樂觀的聲音。

假使你學會如何聆聽那個聲音而不是聆聽敵對的聲音，那麼那個微小而美麗的聲音，可能會帶領你活出超乎你最瘋狂夢想的人生。

假使你難以在人生中或未來看見正向面，或是很難在面對逆境時保持正向，那麼這一心態的轉換可以使你在致富的探險旅程上大不相同。假使這種心態不是自然而然地來到你面前，請不要煩惱。天使們真的可以幫忙。你的第一步是做出比較樂觀的抉擇以及尋求協助。

練習15

樂觀向上

在你的魔法書中完成下述工作：

- 等級從一到十，你的樂觀程度落在第幾級呢？
- 假使你傾向於負面，你的負面是從哪裡學來的？你是跟誰學到的？
- 你需要做什麼才能達到樂觀等級的十分呢？

天使盟友：假使你傾向於負面，我知道有一位天使可以幫助你睜開眼睛，看見每時每刻的美麗、希望、契機。祂的名字是大天使約菲爾，也就是美的天使。因此，將你的負面性擱置一旁，邀請祂進來。在你與大天使約菲爾一起完成你的量子祈請之後，請嘗試下述額外的步驟，將你的頭腦調頻對準真正的樂觀：環顧四周，大聲說道：「我看見圍繞著我的一切事物的美。」只需要幾分鐘，允許自己敞開來，感受當下時刻的完善和美麗。讓自己好好沉思你的人生和一切事物當中的美，包括：你的關係、你的住家、你的職業生涯、你的未來，乃至你的銀行帳戶。

約菲爾可以為你超快地工作，所以，如果完成了這些步驟，請注意你的整體人生觀是否有任何正向的轉換。假使你注意到任何程度的改善，務必好好感謝祂。

美麗而樂觀的心智，我們來啦！

蜜獾的韌性

當事情變得艱難時，你很容易放棄嗎？噢，假使你期待吸引長期永續的財富，而不只是亟需的現金，就需要多一點兒韌性。韌性意謂著擁有對抗反對、危險或艱難的心智力量。

白手起家的富人從不停止相信和做夢，就連面對逆境時也是如此。他們看見某個明顯的障礙，不害怕正面攻擊它，有時候一遍又一遍地攻擊，直到有所突破為止。有點兒像蜜獾。

你看過蜜獾大戰獅子的影片嗎？一隻小蜜獾會攻擊且直接衝向一群獅子，儘管相較之下，獅子巨大無比。蜜獾不斷地攻擊又攻擊，直到獅子群最終離開為止，因為這隻小動物把牠們累壞了。這就是堅毅的韌性。

大多數動物（包括人類在內）在路上看見一群獅子，牠們（他們）會跑到山上尋求安全。蜜獾並不這麼做。蜜獾不迴避挑戰；牠們朝挑戰衝去，而且直至得到牠們想要的結果才會停下來。牠們就像動物王國的不敗「終極格鬥錦標賽」（UFC）冠軍。

由於蜜獾堅毅的韌性，社交媒體上甚至流傳著蜜獾相關的網路梗，上面寫著「蜜獾不在乎」以及我個人最愛的「蜜獾根本不屑一顧」。就跟蜜獾一樣，白手起家的百萬富翁也不在乎。他們不在乎是否在這裡或那裡有些跌跌撞撞，因為他們臉皮厚，隨時準備好迎接挑戰。他們明白，顯而易見的失敗並不意謂失去了願景；它只是意謂著，需要調整戰略。他們從失敗中學習，打起精神，拍拍身上的灰塵，運用他們特殊品牌的蜜獾柔術重新振作起來。

因此，假使你正在執行你的神聖願景，而且碰了釘子、有些阻力，或遇見一或兩個心懷怨恨的人，不要讓那事阻止你。要學習蜜獾的莫大韌性，奮起抗爭。你拿起這本書是有原因的：你內在的某樣東西正在啟發你要站起來，為自己爭取更多的財務力量。你能感覺到那股力量嗎？因為那種感覺絕對值得一遍又一遍地為之奮鬥。誠如歐普拉．溫芙蕾（Oprah Winfrey）說過的：「要完成你認為自己做不到的一件事。失敗了，再試一次。第二次做得更好。唯一從不跌倒的人是從不爬上高空走鋼絲的人。這是你的時刻。非你莫屬。」

些許韌性可以使你在令人讚歎的致富旅程上走得長長遠遠，所以如果你在這方面需要一些幫助，不妨從下述練習開始。

練習16

像蜜獾一樣做夢

在你的魔法書中完成下述工作：

- 依照等級一到十，評估談到追求夢想時，你的韌性有多強。腦力激盪，想出一些可以幫助你達到十分的工具、練習、行為。

➤寫一封情書給你的遠大夢想，承諾於無論如何都要實現它的過程。這封信可以這樣開頭：「親愛的遠大夢想，我發誓要……」讓自己感受其中的情感，好像你保證說到做到。

天使盟友：假使你需要進一步提升韌性，大天使聖德芬可以幫助你完成你已經開始的工作。祂們可以賜予你堅持不懈、彈性、能量，使你可以繼續前進，實現你的願景。如果你想要激發好些堅毅的韌性，顯化你的遠大夢想，請與聖德芬一起執行量子祈請。

直接拒絕

白手起家的百萬富翁們具體化現的另一種心態轉換是，有能力為自己的時間和精力設定強力的邊界。他們已經學會了如何毫不妥協地拒絕他人。事實是，你的下一層級的財富將會需要你落實下一層級的邊界。

當你每天與天使合作時，最終你將會領悟到，你和你的時間極其寶貴。我希望你已經知道這點，但是如果你還不知道，那它就是真理。為了在人生中強而有力地前進，你必須停止將時間和精力浪費在那些滿足不了你的人們、地方、事物上。你的時間和精力有限，這也是為什麼更加審慎地面對如何、何時、與誰共享這些重要資源格外重要。

白手起家的富人們明白，為自己的時間和精力設定邊界是自愛的行為。他們也知道，這是他們成功的最大關鍵之一。願意對不符合你的遠大願景和真實自我的活動、人們、行為說「不」，將會賜予你更多的時間和精力對你的美麗夢想說「是」。

一開始，請回答下述幾個問題：

- 你是否難以找到屬於自己的獨處時間？
- 你的時間表是否盡是你其實不想做但是為了做個好人或出於內疚而做的事？
- 你是否很難拒絕朋友、家人或同事的要求？
- 你是否花費過多時間在社交媒體上？
- 你是否將大量時間投注在做志工，服務你並不真正喜歡但是出於內疚或義務而做的事情上？
- 你是否將他人的需求置於自己的需求之上？

針對上述問題，假使你的大部分回答是「是」，那麼轉換這種心態的時候到了。

假使你不斷地對他人的需求做出反應，你就不可能是自己人生中的真正領導者。若要建立永續的財富，關於你的時間，你必須主動出擊，而不是隨性反應。你將會需要相當多的獨處時間幫助你的內心、頭腦、靈魂、身體、人生保持平衡。這將會賜予你空間，可以想像遠大的夢想、提升你的創造力、與聖靈密切交流、做研究、接受輔導、採取那些你被召喚所要採取的驚人行動步驟。

請記住，成為偉大的烈士將扼殺掉你的遠大夢想。所以，把殉道留給耶穌，學會更常對他人說「不！」你才可以更常對你遠大、迷人、富裕的願景說「是！」一開始可能會感覺很詭異，但你一定會習慣，而且一定會感激你為自己和你的夢想騰出額外的派對時光。

假使你難以設定強力的邊界以及好好珍視你的個人時間，我們會為你提供好些幫助。

建立較佳的邊界

在你的魔法書中完成下述工作：

- 你每週分配多少時間用於你自己的創意和個人時間呢？誠實地盤點一下你如何花費時間。
- 你希望停止從事哪些活動？
- 你希望多做些什麼事？
- 假使可以揮舞魔杖，你理想的工作日會是什麼樣子呢？
- 若要開始讓這個改變發生，你現在可以採取哪一個行動步驟呢？

天使盟友：與大天使沙法爾一起進行量子祈請，可以幫助你為自己的時間和精力設定強力的邊界。把這位天使看作守衛和監視你的城堡周邊的哨兵。祂們可以幫助你保護你的家園、你的工作、你的時間、你的精力。祂們也可以幫助你以一種會讓人們確實聽見你且尊重你的方式傳達你的邊界。

好同伴

在結束本章之前，我想要提到額外幾件你可以完成的事，有助於好好錨定你令人讚歎的財富魔法心態。

你是否聽過吉姆．羅恩（**Jim Rohn**，譯註：一九三〇年至二〇〇九年，美國企業家、作家、勵志演說家）的名言：「你就是最常與你相處的五個人的平均值」？噢，我發現，這是真理。假使你身邊有許多負面的人或安於現狀的人，那麼那樣的心態無法啟發你擁有遠大的夢想以及重大的財富突破。

假使你想要在人生中達成驚人的成功，想要將你的財富和領導力提升到下一層級，那麼有幫助的做法是：讓你身邊有些已經做過或正在執行那些事情的其他人。人們在這方面遇到的最大問題之一是，他們並不認識許多富裕或成功的人。我知道我一生大部分時間都不認識這樣的人，所以假使你的情況如此，我會一直支持你。我有一些很讚的策略可以幫助你向富人學習且得到富人的啟發，無論你是否認識身邊圈子裡的哪一位百萬富翁。

首先，如果你碰巧認識某些神奇的富人或企業家，要做出承諾，花更多時間與他們相處。請他們出去喝咖啡，帶他們去吃午餐或晚餐，乃至與他們預約諮商或輔導療程，詢問他們是如何走到今天這一步的。與已經破解系統且按照自己的規則玩遊戲的人們交談真的很鼓舞人心。因此，假使你認識某位成功人士，請不要害羞。有時候人們其實很喜歡與他人分享他們的財富祕訣。

如果你不認識任何靠自己的條件取得巨大成功的人，那麼還有其他方法可以向這些人學習以及受他們影響。大量的紀錄片、自學書籍、傳記、播客節目、雜誌都在談論赤貧到暴富的故事、投資、企業建立、致富。要找出這些類型的資源。你可以從這些資源中學到許多並獲得大量強而有力的靈感。

不要過度使用社交媒體或看電視，花些時間教育自己關於金錢管理、創業、銷售／行銷、創造永續財富的不同方法。這將會幫助你保持你的內在財富花園不斷得到澆灌和施肥，而且將會使你一路走來不斷受教並得到啟發。

＊＊＊

最後，我希望你知道，重新創造你在人生中的想法和行動以及重新構建你的信念永遠不嫌太遲，尤其當你的進步得到天使的力量推動時。每一個嶄新的日子都有潛力帶來難以置信的祝福和機會，可以讓你在人生中好好擴展。

請記住，要承諾於你的願景，要相信自己，要大膽，要堅韌，要盡你所能持續創造適合的環境，使你的內在財富花園蓬勃發展——外在世界才能夠反映出已經在你之內解開的富足與豐盛。

現在，你準備好要領受下一層級的財富並展開為期十一天的財富儀式了嗎？請跟我一起說：「我選擇變得富有。我很富有。」花點兒時間讓自己在身體內感覺到這些話，彷彿你確實已經很富有了。要讓自己感覺富有，而且知道宇宙正在密謀以神奇的方式為你帶來財富。

第2部

十一天財富儀式

快速啟動

召請天使協助的驅逐儀式

談到你的財富魔法時，記得你的內在妖魔是超級阻撓者嗎？哦，時候到了，該要正式驅逐這些壞孩子並以一場驅逐儀式開始為期十一天的財富儀式。你可以將驅逐儀式想成某種方法，可以一下子清除掉你的財富花園中的一堆雜草。

在傳統的儀式魔法中，魔法師們運用驅逐儀式淨化他們的空間、他們的頭腦、他們的意念，消除負面的心智和情緒影響，例如內在妖魔、恐懼的想法、擔憂、疑慮。然而，驅逐儀式的範疇並非到此為止。驅逐儀式也用於保護和移除家中或個人心靈空間的黑暗靈體和能量。

你即將學習的驅逐儀式是傳統驅逐儀式的簡化版，而且這個簡化版就可以完成任務。你可以只做一次簡化版驅逐儀式便開始為期十一天的財富儀式，或者如果你喜歡，也可以每天做一次驅逐儀式。這其實取決於你。你還應該知道，魔法師在感到有點兒膽顫心驚，想要清理氛圍，讓自己可以感覺比較好、比較受到保護的時候，也會使用驅逐儀式。

如何從驅逐儀式中得到最大效益？

在你完成這場儀式之前，我想要提醒你保持開放的心和思想，帶著孩子般的好奇心接近它。在執行這場儀式之前，請注意你的身體有何感覺並關注你的思想和感受的狀態。這將會幫助你在儀式完成後調頻進入發生的任何正向改變。放慢腳步，時間長到足以注意到正向的轉變，即使是很微小的轉變，與天使建立強而有力的關係時，這其實是成功了一半，何況我不希望你錯過天使可以為你運作的深度。因此請務必關注使你感覺更清明、更輕盈、更明亮、更有希望，或更安全的任何跡象。

在你確實完成儀式之前，請讀完整個儀式的相關內容，讓你可以先熟悉整個流程。當你準備好正式執行儀式時，務必確保你置身一處不會被打擾的地方。你可以選擇在家中的房間內進行，乃至在寬廣的戶外進行。假使想要提升驅逐儀式的氛圍，可以點根蠟燭，甚至燒一些香。畢竟，這是你的儀式，因此請創造讓你感覺最甜美且激勵人心的背景和環境。

執行這場驅逐儀式時，你將與六位大天使合作：拉斐爾、麥可、加百列、烏列爾、麥達昶、聖德芬。這些大天使可以在你周圍創造一圈強而有力的神性保護場……而且，哦，誰不希望這樣呢？畢竟，我們希望所有幫手就位，幫助你打開門戶，讓你可以激盪出下一層級的財富。

走過這場儀式之際，要關注哪幾位大天使似乎比較活躍或為你而在。許多人體驗到至少一或兩位大天使比其他大天使更強力地介入。假使你比較強烈地感應到某位大天使，你或許應該在整個財富魔法儀式過程中與對方保持聯繫。祂們可能會為你提供特殊的支持，而且在此過程中結交新的大天使朋友並沒有什麼錯。

既然我已經奠定了某些基礎工作，那就到了開始這場令人驚歎的儀式的時候了。你希望儀式進行多久，就進行多久。如果你真的很擅長這類儀式，那就只需要幾分鐘，但是現在，先慢慢來。好好享受這個過程，而且記住要從愛、尊重、好奇出發。

天使驅逐儀式的步驟

1. 儀式開始

首先，你需要確定自己的方位。我們將運用基本方向，所以花點兒時間搞清楚相對於你站立的位置，哪裡是東、南、西、北。假使你有智慧型手機，它很可能有可以幫助你找到方向的指南針應用程式。

接下來，想像自己站在一個大圓圈的中心，大圓圈被一個等邊十字分成四個象限。十字的每一條線指向四個基本方向之一。不一會兒，你將會召喚或祈請大天使之一站在圓圈的每四分之一區或每一個基本方向，以及你的上方和下方。

站立時，身體敞開，呈接收狀。雙手手掌向上，雙臂向東方張開，彷彿你準備好要領受美好的事物。

接下來，想像有長而強勁的根從你的雙腳伸出，將你向下錨定在地球上，而且隨著每一次呼吸，你自然而然地將具淨化和療癒功效的地球能量向上拉進你的身體裡。

在你上方，想像、感應到或觀想美麗的星光向下傾瀉到你的頭上，穿透你的身體。想像這星光與你腳下和你體內的地球能量混合在一起。

在你祈請大天使們之前，我希望你閉上眼睛，讓房間和物質世界消失，想像只有你站在宇宙的中心。感受那片遼闊，將自己一路帶進當下此刻。記住你對財富的強大意圖；允許自己感覺你「為什麼非要執行這場儀式」的情緒。回想一下你的原因對你有多重要，而且讓自己感覺到有天使們的支持多麼美妙。帶著滿懷感恩的心進入你的驅逐儀式。

2. 召請大天使拉斐爾來到東方

現在，時候到了，要召請我們的第一位大天使——拉斐爾。

請祂站到東方，讓祂可以在你的財富魔法旅程期間賜予你強力的保護和療癒。

面向東方站立。說三遍大天使拉斐爾的名字，藉此召喚拉斐爾：

大天使拉斐爾，拉斐爾，拉斐爾，

請祢過來站在東方保護我。

說三遍大天使拉斐爾的名字，幫助你與這位天使的能量及其頻率連成一氣。

想像、感覺到、感應到、聽見或觀想大天使拉斐爾站在東方。拉斐爾在大天使之間被譽為偉大的療癒師，祂往往與祖母綠光有關聯。有時候，祂被描繪成手持蛇杖（caduceus，有蛇纏繞的權杖，象徵醫藥）。如果你願意，可以運用這個圖像召請祂。

一旦感應到拉斐爾與你同在，你就可以感謝這位大天使的愛與保護，說出你的財富意圖，以及你想要對祂說的其他任何話。當你感覺或感應到你的訊息已被接收時，就感謝大天使拉斐爾的幫忙，而且請祂繼續支持你。

東方的工作完成時，就是移動到你的下一個方向——南方——的時候了。

3. 召請大天使麥可來到南方

面朝南，雙掌朝上；這是傳統上大天使麥可站立的地方。你可以說三遍祂的名字，藉此呼喊祂：

> 大天使麥可，麥可，麥可，
> **請與我站在一起，在南方保護我。**

傳統上，大天使麥可被描繪成打擊邪惡的天國戰士。這包括陰暗的思想、疑慮、擔憂、恐懼。允許你自己想像祂穿戴著全套的戰士裝備前來，準備為你而戰。

感覺到、感應到、知道祂已經來到你身邊。一旦你感應到這點，就感謝大天使麥可加入你並與祂分享你的財富意圖。要知道，在你的財富儀式期間，這位大天使會在背後支持你。一旦你感覺到在此的工作完成了，就準備好開始在西方的工作。

4. 召請大天使加百列來到西方

傳統上，大天使加百列站在西方。說三遍這位大天使的名字，藉此召喚加百列：

大天使加百列，加百列，加百列，

請祢過來站在西方保護我。

大天使加百列，祂的名字的意思是「上帝是我的力量」，祂因許多事物而聞名。就我們的財富目的而言，這位大天使最值得注意的是，在你需要的時候，加百列可以幫助賜予你勇氣和力量，使你採取得到啟發的行動，這點對於追求夢想至關重要。

想像、感覺到、感應到、觀想，或者就是知道加百列與你一起站在西方。藍色往往與加百列有關聯，所以在這一區可以隨意使用藍色。一旦你感應到這位大天使正站在西方守衛，就感謝加百列的到來並分享你的財富意圖。一旦你感覺好像在此的工作完成了，就是面向北方的時候了。

5. 召請大天使烏列爾來到北方

傳統上，大天使烏列爾站在北方。運用你的意圖召請祂，說三遍這位大天使的名字：

大天使烏列爾，烏列爾，烏列爾，
請來到我身邊；站在北方保護我。

大天使烏列爾，祂的名字的意思是「上帝之光」，祂可以為你帶來心智的力量、清明、智慧，而且可以啟發強而有力的新點子。召請祂的時候，你可以想像祂身著耀眼的金色長袍，帶著一盞散發著明亮金光的明燈。

當你感應到烏列爾與你同在的時候，就感謝這位大天使的到來並分享你的財富意圖。一旦你感覺好像這次交流結束了，就是繼續移動到下一個方向的時候了。

6. 召請上方的大天使麥達昶

既然你已經按照順序建置好了四個基本方向且為自己建立了天使保護圈，現在可以將注意力放在上方的空間，麥達昶在此庇護你。

大天使麥達昶超級厲害，祂被認為可以協助和支持神性能量從本源直接向下流到人世間。因此，祂被置於你的上方。

召請這位神性指導者的時候，手掌心朝上，說三遍祂的名字：

大天使麥達昶，麥達昶，麥達昶，

請來到我身邊，從上方保護我。

你可以想像在你上方有一道明亮的水晶光開始增長。這是造物主／上帝／本源的光。麥達昶將這束光帶過來，確保你的保護圈得到「至高者」的能量保護。

當你感應到這位大天使與你同在時，就感謝祂的到來、與祂分享你的意圖、請求得到祂的祝福。

一旦你感覺好像這部分完成了，現在就準備好，將你的覺知帶到下方的大地。

7. 召請大天使聖德芬來到大地

大天使聖德芬以守護地球界域、收集人類的祈禱、將祈禱帶給神聖的造物主而聞名。因此，聖德芬往往被認為可以幫助你顯化力量，對於你新發現的承諾（吸引更多的財富和成功）而言，這點相當重要。

牢記這點，雙掌向下，朝著大地。如果你願意，甚至可以俯身觸碰大地。

呼喊聖德芬的名字三遍：

大天使聖德芬，聖德芬，聖德芬，
請來到我身邊，從下方保護我。

感覺到、感應到或觀想你下方有位強大的天使臨在。你也可以想像這位天使穿戴著美麗的大地色（棕色或赤褐色或森林綠），只要這個視覺效果對你有幫助。

當你感應到聖德芬與你同在時，就感謝祂的到來並將覺知集中在你的心的中心。

8. 完成儀式

既然你已經從所有六個方向召請了大天使以及祂們的保護，現在允許自己感受周圍的安全感，彷彿你被包裹在一顆美麗的巨型療癒和保護氣泡之中。要記得你的財富意圖，而且讓自己感覺彷彿你要求得到的財富已經具化成形了。讓你的整個身體感覺到這份意圖，彷彿它已經顯化了。然後最後一次感謝大天使們。

接下來，我希望你好好檢查一下。在完成驅逐儀式之後，你注意到任何正向的轉變嗎？是否有一或兩位大天使比其他大天使為你更強力地介入呢？假使情況如此，要記得在你的魔法書中記錄所有的結果。

＊＊＊

現在你已經以魔法驅逐了負面性，準備好要開始第一天的財富儀式了嗎？很好。我們開工吧！

你的十一天財富儀式指南

既然你已經運用天使驅逐儀式清理了氛圍，那麼啟動這個十一天財富儀式的時間終於到了。你準備好要讓錢幣增長了嗎？

在過去幾章中，你已經播下了讓你的財富花園可以生長的種子。你還認識了耀眼的財富天使，祂們將會幫助你在內在做出巨大的轉變，使你可以更輕易地在外界顯化財富。在接下來的十一天中，你將會繼續與財富天使們合作。你將會與你在第三章認識的許多天使以及一位意外的賓客合作。

這個十一天儀式的每一天都包含一段祈請以及一段天使冥想／啟動。你一天只需要十到十五分鐘就可以完成這些儀式。你可以從頭到尾讀完我的冥想提示，或者如果你偏愛引導式冥想，也可以造訪我的「天使招財魔法」資源頁，下載每一個錄音檔，網址：AngelWealthMagic.com/Resources。

這十一天中有幾天，你還需要魔鏡空白副本。你可以從網站鏈結列印魔鏡空白副本，也可以自己畫同心圓。

一旦開始儀式的第一天，重要的是從頭到尾完成這個儀式，一路走到第十一天。每一天由我按照這個特定順序感應傳導，每一天都建立在前一天的基礎上。所以請按照順序一天天完成——不要亂跳。假使基於某個原因意外錯過了一或兩天，你可以要麼從上次中斷的地方繼續，要麼從頭開始，以感覺最適合你的方式為準，只要最終達到第十一天並完成儀式即可。

假使你通常難以始終如一，這裡有幾則提示可以幫助你。選擇一天中你想要執行這個儀式的特定時間，在你的手錶或手機上為那個時間設置每日鬧鐘。你可能也想要在日曆中正式預訂時間，幫助給予你額外的誘因。請記住，「承諾」是這類魔法可以為你效力所必須的主要成分之一。請將這個十一天儀式，視為你向自己和你的無形盟友展現你承諾於財富增加的第一個測驗。

要開開心心地完成這個過程，而且睜大眼睛，豎起耳朵，留意你的財富魔法正在運作的跡象喔！請跟我一起說：「我很富有！」

閉上眼睛，在你的身體內感受這句話的真實性。
現在，假使你準備就緒，讓我們開始第一天吧。

第1天
大天使拉吉爾

打開門戶

歡迎來到十一天財富儀式的第一天！

為了讓這場財富派對正確開始，我們將與大天使拉吉爾一起啟動這個儀式。大天使拉吉爾被認為是大天使們的首要魔法師，祂是深奧智慧和宇宙法則的大師。

我們與拉吉爾一起開始，因為據說祂擔任人類與天使界之間的橋梁。藉由首先召喚祂，你在某種意義上正在請求祂打開你與天使界之間的溝通閘門。我們希望確保天使和財富盟友響亮而清楚地聽見你的請求，這就是這位令人驚喜的大天使的重點。

在我們與大天使拉吉爾一起完成這個啟動之前，我希望你記得你為什麼在這裡。要記得你正在努力用魔法顯化的金額，而且允許自己好好感受你對它的情感以及你對它的渴望。

我們現在準備好要敞開門戶，迎接這十一天的儀式正式開始。好的，那麼，讓我們準備好迎接大天使拉吉爾吧。

找到一個安靜的地點完成這件事，而且當你準備就緒時，請大聲說出以下祈請。

第一天祈請

「一切萬有」的造物主、財富的天使和盟友，尤其是祢，親愛的大天使拉吉爾，我請求祢們打開我與天使界之間直接溝通的門戶。我請求這個管道被護佑在造物主的能量之中，得到造物主的保護和力量。我請求我的——（陳述你的意圖）意圖被迅速而優雅地聽見和履行，而且任何財富的具化成形都帶領我更接近愛和我的使命。這是開始。我現在打開這條路。感謝祢，拉吉爾。

***

接下來，你可以聆聽我提供給你的第一天免費引導式冥想音樂，也可以自己完成以下冥想。

冥想音樂取得位置：www.AngelWealthMagic.com/Resources

***

第一天冥想

閉上眼睛，讓自己歸於中心，安靜地坐著，說三遍拉吉爾的名字，讓你與祂的能量連成一氣。

接下來，想像一幅美麗的景致，有一棵巨樹朝天空高高伸展，甚至可以觸及星星。這棵巨樹的樹幹結實而寬廣，而且你感應到它強而有力地牢牢扎根在土地裡。

現在，把你的覺知帶到這棵巨樹的最頂端。你可以感覺到、看見或單純地感應到它。這麼做的時候，想像雲朵開始在這棵樹的上方翻滾，幾乎就像雷電風暴的電力正在增長，匯聚在這棵大樹上。允許你自己感應到大天使拉吉爾就在這團雷電風暴的中心，從宇宙的各個角落和所有四個象限召集力量。在祂收集這股力量之際，明亮的藍色雷電風暴開始在雲層裡劈啪作響。你感應到電流強而有力，但不會傷害你。

接下來，你可以歡迎拉吉爾，請求祂打開你與天使們之間的溝通門戶。你可以大聲或靜默地提出這個請求，以你感覺比較好的方式為準。在你這麼做之後，想像一道美麗的靛藍色閃電從上而下，穿過你的頭頂，進入胸膛中央。當你感覺到胸腔有閃電時，想像你心裡的一顆六芒星亮了起來，有藍色的火焰。假使你知道「大衛之星」（Star of David）的樣子，不妨隨意運用那個圖像（只要那麼做有幫助）。

允許這把藍色火焰在你心中明亮地燃燒，然後允許它的光輝增長，包裹住你的身體。在你走向財富增長的道路上，允許自己感覺到更深層的愛和保護。

在你的頭腦裡，保有你想要吸引的金額，想像所有金錢都已經來到你身邊。想像那筆金錢現在就在你的銀行帳戶裡。

接下來，請求拉吉爾在這十一天的過程中打開與天使們溝通的管道，確保你召喚的每一位天使和盟友都聽見你的祈禱且強力地為你出現。

完成時，要感謝拉吉爾來到你身邊幫助你，讓祂知道祂可以平靜地離開。溫柔地把自己帶回到房間裡……瞧：你的第一天結束了！

***

拿出你的魔法書，寫下「第一天」。寫下你正在迎接的金額，而且把它圈起來。接下來，記下在這次啟動期間為你升起的任何相關想法、感受、點子或體受感。

現在你完成了第一天儀式，請睜大眼睛，豎起耳朵，留意你的財富魔法正在運作的跡象。

願你得到你請求得到的所有財富，甚至更多。

明天是第二天，明天見。

第2天

尼蒂卡

帶來現金

歡迎來到這個奇蹟財富儀式的第二天！

今天我要向你介紹我的祕密財富武器之一，尼蒂卡（Nitika）。目前為止，這個靈是我最愛的神靈之一，因為祂們是幫助我顯化我在本書前面提過的宛如奇蹟的十五萬美元的關鍵財富盟友之一。

在傳統的老派魔法中，尼蒂卡並不是天使，而是所謂「美德」的化身。我的尼蒂卡體驗是，祂們溫柔而有愛，然而卻極其強大。尼蒂卡可以幫助你解開明明存在但你可能忘記了甚至不知道存在的資金，還可以啟發你採取各種行動幫助你吸引一些辛苦賺來的現金。如此魔法般的金錢顯化可以因為這個靈而相當快速地發生，所以要睜大眼睛，好好觀察。

當你心中有某個具體的金額時，尼蒂卡的效果最好，因此務必提前確定好企圖得到的金額。你還需要知道，一旦擁有那筆金額，你希望如何使用它。這有助於讓這事感覺更加真實。一旦祈請尼蒂卡，你將會與祂們分享這些細節。

在我們召請尼蒂卡之前，請準備好一面空白的魔鏡（更多相關資訊，請見第七十一頁）。在鏡面中央寫上「尼蒂卡」的名字——Nitika。假使基於某個原因，你現在無法列印或製作魔鏡，不要擔心。快速畫個符印圈即可，效果也很好。

準備好要召請尼蒂卡了嗎？請大聲說出下述祈請。

第二天祈請

以一切萬有的造物主的名義，我召喚尼蒂卡的靈來到我身邊。最親愛的尼蒂卡，我歡迎祢們進入我的人生，請祢們為我帶來＿＿＿＿（具體的金額）。我請求祢們塑造時間和空間、現在和未來，讓這事發生。我計畫在＿＿＿＿（日期）之前使用這筆錢。我以上帝／宇宙

／造物主的名義深深地感謝祢們。

***

接下來，你可以聆聽我提供給你的第二天免費引導式冥想音樂，也可以自己完成以下冥想。

冥想音樂取得位置：www.AngelWealthMagic.com/Resources

***

第二天魔鏡冥想

把你的魔鏡放在手邊。

閉上眼睛，讓自己歸於中心，安靜地坐著，說三遍尼蒂卡的名字，讓自己與祂們的能量連成一氣。

看著魔鏡，想像內圈是一扇窗戶，而尼蒂卡正站在窗戶的另一邊。

當聚焦在內圈中央的空白區（不是聚焦在尼蒂卡名字的字母）時，想像你正在與本源以及與尼蒂卡連結，彷彿你正在研究通往神性的門戶。想像尼蒂卡聽見了你的心聲。向尼蒂卡打招呼，感謝祂們的到來和聆聽。

分享你的意圖，表明你要召請的具體金額。允許自己對這筆金錢感覺到一股急迫感。要好好運用你的情緒。

接下來，聚焦在圓圈外緣的空白區。這麼做的時候，有意識地做出用魔法顯化你的意圖的抉擇。具體化現做出這個抉擇的感覺，以及做出抉擇時感受到的決心感。

看著圓圈中央的名字。看著尼蒂卡名字的字母：N-I-T-I-K-A，而且具體化現你的意圖已經顯化了的感受。

現在，將目光投向整面魔鏡。讓你的視線模糊一點兒，接收這整件事。想像從現在開始十年後，你所有的金錢課題百分之百得到解決。想像你擁有比實際所需更多的現金，而且你的最大問題是設法釐清如何使用那些現金。好好感受擁有遠遠超出你所需現金的感覺，以及隨之而來的安全與放鬆。感覺放下了幾年前為金錢所苦的感受，確信那些問題已成往事。

完成後，感謝尼蒂卡聆聽你的意圖和幫助你。然後你可以請祂們平靜地離開。感覺到、感應到、知道尼蒂卡已經離開且開始為你運作。

假使這個過程的第一回合感覺有點兒笨拙，請隨意再執行一遍。完成這個過程之後，在你的魔法書中寫下「第二天」，寫下你正在顯化的金額，而且把它圈起來。然後安靜地坐下，記下為你浮現的任何想法和感受。

＊＊＊

現在你完成了第二天儀式，請睜大眼睛，豎起耳朵，留意你的財富魔法正在運作的跡象。

願你得到你請求得到的所有現金，甚至更多。

明天是第三天，明天見。

第3天

大天使約菲爾

極其樂觀

今天，我們將與美的天使約菲爾合作，無論人生中發生什麼事，祂都可以幫助你達成極其樂觀的人生觀。還記得第三章中的約菲爾嗎？是啊，噢，約菲爾相當令人讚歎。其他魔法師和我已經與祂合作多年，幫助打開通往正向心態的途徑。

事實上，每當我請富人分享他們的成功祕訣時，他們絕不會從行動步驟、策略或諸如此類的東西開始。他們通常首先開始談論心態。那是因為，就跟我們之前在本書中討論過的一樣，財富確實是因為某種魔法心態而從內在開始的。

保持樂觀以及相信自己和你的願景的能力，對於達成下一層級的財富十分重要，重要到天使啟發我花一整天的時間只為了幫助你學到這個要點。請記住，你可以做出的抉擇是：即使面對逆境時，也要相信驚人的事物對你來說是有可能的。

今天，大天使約菲爾想要大大提升你優美的樂觀感，幫助你感覺更有希望地面對你自己、你的價值、你的能力、你為世界帶來的禮物，乃至生命本身。約菲爾想要幫助你轉變內心和頭腦的最深層，使它們回歸到正極。在設法邁向幸福快樂、圓滿具足、深度的目的感方面，祂至少可以幫助你找到其中蘊含的美。

因此，告別陳舊的厄運和憂鬱，敞開心扉迎向美和正向，那等於是大天使約菲爾。你準備好要祈請了嗎？請大聲說出下述祈請。

＊＊＊

第三天祈請

親愛的造物主和大天使約菲爾，我請求祢們進入我的內心和頭腦、我的人生、我的銀行帳戶的最深層，運用真正樂觀的能量和力量調頻所有這些東西。幫助我看見我的人生和我的潛力的美。幫助我看見我的本性的美，幫助我體驗承擔巨大、美麗、正向風險的喜悅和樂趣。我準備好以全新而美麗的方式體驗我自己和我的人生。親愛的約菲爾，感謝祢今天來到我身邊。

＊＊＊

接下來，你可以聆聽我提供給你的第三天免費引導式冥想音樂，也可以自己完成以下冥想。

冥想音樂取得位置：www.AngelWealthMagic.com/Resources

＊＊＊

第三天冥想

閉上眼睛，讓自己歸於中心，安靜地坐著，說三遍約菲爾的名字，幫助營造出大天使約菲爾的驚人氛圍。

感覺到、感應到、看見，或就是知道大天使約菲爾已經進入了這個空間，與你同在。慢慢來，感覺或感知到祂今天帶來的光的顏色。你現在感應到什麼顏色呢？假使你看不出光的顏色，沒關係。不一定要看出來。有時候，你得到的是直覺或快速想到某種顏色之類的簡單東西。好好感應它，信任你正在正確地感知事物。

現在我希望你感覺或感應到你戴著一副隱形眼鏡。感知這副眼鏡彷彿是你看待自己、你的人生、你的潛力的陳舊方式。感應到這副眼鏡感覺不舒服或太緊或早就太過時了。

現在深吸一口氣，而且隨著呼氣，允許約菲爾摘掉那副疲憊的陳舊眼鏡。繼續呼吸，直至你感覺到、感應到或知道某樣東西已經轉變了為止。

然後，祂會用一副非常酷的彩色鏡片替換掉你的眼鏡。大天使約菲爾告訴你，這是你達成極其樂觀的特殊色彩和振動。

花點兒時間讓你的眼睛完全吸收這個色彩，接收這個振動，視之為電流進入你的腦部，向下穿過你的神經系統。允許它流經你的器官、你的骨骼……流經你的身體的所有細胞，一路向下流到你的腳趾尖。

沉浸在擁有洋溢著樂觀的美麗內心和頭腦的榮耀之中。

輕輕地睜開眼睛，領會周圍空間的美，即使它是一間凌亂的房子。由於約菲爾的幫助，選擇看見美和樂觀——如你所知，「抉擇」的力量就是一切。

感謝大天使約菲爾，請求祂幫助你在所有努力中，好好鮮活地保有你嶄新、美麗、樂觀的態度。

＊＊＊

冥想完成後，在你的魔法書中寫下「第三天」，寫下你正在顯化的金額，而且把它圈起來。然後安靜地坐著，記下你與約菲爾合作時，為你浮現的任何想法和感受。

現在你完成了第三天儀式，請睜大眼睛，豎起耳朵，留意你的財富魔法正在運作的跡象。

願你得到你請求得到的所有財富，甚至更多。讓鈔票流動起來喔！

明天是第四天，明天見。

第4天

拉納迪艾爾

釋放罪疚、羞恥、無價值感

今天，我們深入探討如何幫助你解除本書前面提過的某些狡猾的內在妖魔——那些妖魔可能會阻止你獲得令人讚歎的豐收財富。

誠如我們討論過的，無價值、羞恥乃至罪疚的想法和感覺，可能會潛伏在你渴望更多現金的欲求之下。正是諸如此類的情緒可能會大力阻止你做出大膽而有力量的行動，導致無法積累更多的財富。老實說：假使不在人生中做出有力量的行動，你肯定不會打破你的財富上限。

為了解決這個問題，今天我要介紹你認識的不只是天使，而且是據說具體化現了幾位天使力量的天使。拉納迪艾爾（Rahnahdiel）可以幫助你釋放掉根深柢固的罪疚、羞恥、無價值感（那些可能會阻礙你實現財富目標），藉此幫助你獲得更多的現金。

我最近無意中發現了一位匿名發文者引用的話，那使我想起拉納迪艾爾的力量可以幫助你完成什麼：「錯誤概念的消亡允許真正的力量誕生。」終結你對自己和你的人生的錯誤概念，最初可能看似挑戰性十足，但是當你開始與像拉納迪艾爾這樣強大的天使合作時，情況就完全不一樣了。

現在時候到了，該要與這位天使界的大佬一起驅散你的錯誤概念，開闢道路，無須害羞接收更多的巨額賞金。

準備好要祈請了嗎？當你準備就緒時，請大聲說出下述祈請。

＊＊＊

第四天祈請

親愛的一切萬有的造物主、拉納迪艾爾，以及財富、豐盛、收穫的所有天使與盟友，我請求祢們將我從罪疚、羞恥、無價值的監禁中釋放出來。以「至高者」的名義幫忙清理我的容器，使我可以具體化現真實的領受狀態，邁向下一層級的財富。我非常感激祢們今天的療癒和祝福。

＊＊＊

接下來，你可以聆聽我提供給你的第四天免費引導式冥想音樂，也可以自己完成以下冥想。

冥想音樂取得位置：www.AngelWealthMagic.com/Resources

＊＊＊

第四天冥想

說三遍拉納迪艾爾的名字。這有助於集中你的能量，打開溝通管道。

放鬆下來，讓自己歸於中心，沉浸在你的身體的感官覺受之中。允許你的身體讓你看見你內在哪裡住著罪疚、羞恥、無價值感的黑暗網絡。透過你的內在視界或感覺感知這個黑暗網絡，觀察它，不帶評斷。你可能會注意到體內的沉重感、緊繃或溫度變化。這都沒問題。你在此的任務是要單純地觀察這些感覺今天想要如何為你顯化，不帶評斷。

接下來，召請拉納迪艾爾幫助你擺脫這個情緒網絡。等待，直至你感覺到、感應到或知道祂們與你同在為止。

現在，發自內心地對這位天使說話。讓這位天使知道你因這些黑暗情緒而苦苦掙扎，以及你厭倦了局限自己和心情惡劣。讓祂們知道你已經準備好要放下這些不再為你服務的感覺。請求拉納迪艾爾幫助你將它們轉變成個人的力量且使你成為更善於領受財富的容器。你可以對這位天使說些你覺得不得不說的任何事。

接下來，感應到拉納迪艾爾用明亮的金光盈滿你的身體，使你擺脫這個束縛。要確保透過腹部呼吸，而且見證、允許、感應到或感覺到這項工作正在被完成。

接下來，想像這個網絡開始從深色變成光亮的金色，幾乎宛如自信、財富、價值感的金色河流流動。慢慢來，完成這部分，直至你感應到有轉變發生為止。

當這項工作感覺完成了，就感謝拉納迪艾爾的到來，請求祂們繼續與你合作，經常為你調頻，對準成為財富磁鐵。讓祂們知道祂們可以平靜地離開。

慢慢地回到你的身體內，好好注意你的感覺。

＊＊＊

感覺比較輕盈嗎？務必拿出你的魔法書，在書中寫下「第四天」，寫下你正在顯化的金額，而且把它圈起來。然後安靜地坐著，記下為你浮現的任何想法和感受。

耶！現在你完成了第四天儀式，請睜大眼睛，豎起耳朵，留意你的財富魔法正在運作的跡象。

願你得到你請求得到的所有財富，甚至更多。

明天是第五天，明天見。

第5天

希塔艾爾與波伊艾爾

扭轉不幸、取消詛咒、成為金錢磁鐵

歡迎來到第五天！你幾乎完成一半了喔！你能相信嗎？許多人很難信守諾言並兌現他們獲得更多財富的承諾，但是你不一樣。財富天使和我為你堅持到第五天的決心鼓掌。

所以我們來談談你命中注定的財富。假使你感覺在財務方面被詛咒了，請不要擔心；許多人都有同樣的感覺。但是今天我們有雙重天使的力量前來幫助你扭轉任何過往的不幸和財務創傷。不過這只是開始——我們還會提升你擁有更多財富和成功的能耐。

今天你與希塔艾爾（Sitael）和波伊艾爾（Poiel）合作。希塔艾爾將會挺身而出，幫助你消除人生中有過的一連串財務厄運。假使你覺得好像你的生意、願景或銀行帳戶被詛咒或卡住了，那麼這位天使是最佳盟友。

希塔艾爾還希望我提醒你注意，在過去，你如何以關於你自己、你的現金流、你的業務，或你的夢想的負面思想破壞你的財富潛力。假使你在本書稍早發現了你對金錢的熱愛有待改善，那麼今天一定會對你有所幫助。

在希塔艾爾幫助你擺脫不幸之際，我們歡迎天使波伊艾爾，祂希望為你帶來好財運。波伊艾爾可以幫助你打開豐盛的大門，為你吸引各式各樣的財富。祂們還可以幫助你實現內心最深處的渴望，使你對你的財務未來充滿希望。

此外，這位天使以幫助你將才能和天賦轉換成聲譽、財富、名望而著稱。所以，假使你是藝術家、作家、演說家、教師、療癒師，或任何其他諸如此類的人士，波伊艾爾可以幫助你在你的領域中獲得高度敬重，而且運用使你的靈魂歌唱的運作幫助你達致名人的地位。不僅如此，假使你一直夢想著某個特別好玩的愛好，這位天使也可以幫助你運用它賺錢。

這一切聽起來很迷人嗎？太讚了吧！請直接大聲說出下述祈請。

＊＊＊

第五天祈請

一切萬有的造物主與希塔艾爾，我請求祢們進入我的內心、頭腦、人生，請求祢們取消、清理、移除、消弭——來自我的過去、現在、未來的任何不幸或財務詛咒。我請求祢們確保我永久遠離任何厄運或不幸。

一切萬有的造物主與波伊艾爾，我請求祢們帶領我走上通向巨大財富和好運的道路。幫忙提升我的天賦和才能、我的溝通能力、我的個人天資，使這一切與我的人生和我的工作的最高和最佳版本對齊。我很感激祢們的幫助，而且準備好領受所有即將到來的好事，甚至更多。感謝祢們。

***

接下來，你可以聆聽我提供給你的第五天免費引導式冥想音樂，也可以自己完成以下冥想。

冥想音樂取得位置：www.AngelWealthMagic.com/Resources

＊＊＊

第五天冥想

首先，我希望你好好感受一下你對金錢的任何負面想法，或你體驗過的任何厄運或不幸。

閉上眼睛，讓自己歸於中心，安靜地坐著，說三遍希塔艾爾的名字。想像這位天使與你站在一起。分享你的苦難、任何不幸乃至你對金錢或過去所做抉擇的遺憾。

請求希塔艾爾將你一勞永逸地從這些記憶、想法、感受中釋放出來，使你得自由。慢慢來，要有耐心。

想像、感應到或看見希塔艾爾在你身邊。想像祂們在你的頭部周圍搖晃一盞發出明亮金光的燈。當金光穿透你的肌膚時，注意某種淤泥或黏液從你身上流下來。允許這燈光慢慢地移動穿過你的身體：沿著你的頸部、肩膀、胸部、背部、雙臂、腹部、雙腿……而下，最終一路向下到達你的腳趾頭。允許淤泥離開你的雙腳，深深地排入大地的土壤中。確保在整個過程中好好呼吸，而且隨著每次呼氣，讓更多一些淤泥離開。隨著每次呼吸，感應到老舊能量正在離開你。

接下來，說三遍波伊艾爾的名字，藉此召請波伊艾爾。想像祂們手裡拿著一根大大的魔杖跟你站在一起。與波伊艾爾分享你對成功和財富的最深層渴望。一開始，這對你來說可能會感覺很詭異，但是不妨想像這位天使是百分之百不評斷且無條件地愛人。讓自己分享心中最宏偉的夢想和渴望。不要退縮。慢慢來。而且請務必記得請求得到巨大的好運——我的意思是，為什麼不請求呢？

當波伊艾爾聽見你的心願和意圖時，祂們將會用魔杖指向你的心，照亮你的心，使你敞開來，更充分地接納自己與生俱來的力量和本質。祂們提醒你，財富的鑰匙始終在你內在。注意你看見或感應到什麼色彩的光。那個色彩代表你對財富的憧憬。深呼吸，讓波伊艾爾將你的心調頻對準好財運的能量以及對準你自己的神性才能、天賦、天資。允許這光在你的胸腔內膨脹，直至你感覺到、感應到、知道或看見這項工作完成為止。

感謝波伊艾爾與希塔艾爾的到來，請求祂們繼續為你完成這項工作。讓祂們知道祂們可以平靜地離開，然後慢慢地回歸到你的完整意識之中。

＊＊＊

現在，按照等級一到十評定，你對自己的財富的感覺有多負面呢？有得到任何改善嗎？假使沒有，請繼續循序漸進。

在你的魔法書中寫下「第五天」，寫下你正在顯化的金額，而且把它圈起來。然後安靜地坐著，記下為你浮現的任何想法、感覺、體受感或靈感。

太好了！現在你完成了第五天儀式，請睜大眼睛，豎起耳朵，留意你的財富魔法正在運作的跡象。

願你得到你請求得到的所有財富，甚至更多。

明天是第六天，明天見。

第6天

維烏利亞

適合的財富類型

今天的祈請將會幫助你不只吸引財富，而且吸引適合的財富類型。我的意思是，充實並支持你的幸福的財富，以及有良心和道德的財富。

我們都見過某些有錢人老是裝傻，有著各種貪婪和詭異。事實上，誠如你無疑已經注意到的，有時候財富、聲譽、成功可能會帶來孤立、抑鬱、極度濫用權力。所有那一切實在不是我們要尋找的財富氛圍。我們希望你擁有的財富可以提升你的生活，滋養你和周遭的人們。

今天，天使們和我想要解決這個問題，我們介紹一位天使，祂可以使你調頻對準適合的財富類型——那種財富迷人且生動有趣，而且還連結到你可以贈予世界的服務或奉獻。

聖靈讓我看見，對任何人來說，通向財富的道路都不止一條。你實際上有許多機會和選項可以提升你的財富容量。然而，天使維烏利亞可以使你調頻對準最高且最佳的財富道路——這條道路使你敞開心，為你、你的家人、你所服務的人們帶來更多的愛和支持。想想來自令人難以置信的利他主義和誠信正直的財富，使你可以走上一條崇高之路，並在這一路上變得更加有愛、敞開、慷慨。聽起來很不錯吧？

現在，順便提及很酷的一點，這位天使不只是關於愛和利他主義。維烏利亞也可以是兇悍的戰士和保護者。祂們會拚命捍衛祂們所服務的人們——例如你。現代和古代魔法師都同樣曾在歷史上與這位天使合作，為的是阻止惡霸和擊退敵人。我想要提到這點，因為你人生中的巨大擴展往往會觸發周遭的人們。當你採取有力量的行動且變得更加引人注目時，你可能會注意到身邊有些人心懷怨恨或惡意。當你變得更加成功時，這情況會隨著領地擴展而來。維烏利亞可以幫助你阻擋這類負面性，使你聚焦在美好的東西，在世界上編織你獨特品牌的魔法。我實在愛極了某些這樣的天使啊！

在我們開始之前，請列印一張空白魔鏡或畫一張符印，在圓圈中間寫下

「維烏利亞」的名字——Veuliah，將它準備好，在我們進行今天的啟動時使用。

大聲說出下述祈請，準備好沉浸在這位天使的美好之中。

＊＊＊

第六天祈請

親愛的一切萬有的造物主、財富的天使和盟友、天使維烏利亞，我請求祢們來到我身邊，使祢們可以將我的財富意圖與我的最高理想連成一氣。在我走在邁向更多財富的道路之際，幫助我保持喜樂和高尚。幫助我為我的家人、朋友、社群、世界提供最高且最佳的服務。我也請求祢們在我的財富旅程沿途給予我有力的保護。幫助我感到安全，幫助我敞開來，迎向非凡、神奇、巨大的財富。我感謝祢們聆聽我的請求。

＊＊＊

接下來，你可以聆聽我提供給你的第六天免費引導式冥想音樂，也可以自己完成以下冥想。

冥想音樂取得位置：www.AngelWealthMagic.com/Resources

＊＊＊

第六天魔鏡冥想

拿起你的魔鏡，上面寫著這位天使的名字。專注於圓圈中央的空白區。可以的話，選擇一個點，想像那個空白區是通向天使界的一扇窗口或門戶。

閉上眼睛，讓自己歸於中心，說三遍維烏利亞的名字。這麼做的時候，想像這位天使在這面魔鏡的另一邊。感覺或感應到這位令人驚喜的存有正在等待指令。

在你專注聚焦之際，要記住你正在顯化的意圖和金額。以心靈感應讓這位天使看見你正在吸引多少現金。然後請求這筆金錢以及進入你的人生的所有財富盈滿愛、誠信、最崇高的意圖。請求這位天使支持你為家人、社群、世界服務。而且請求這筆財富為你的人生以及你周遭人的生活帶來驚人的愛、支持、喜樂。隨著你踏上這趟財富之旅，你也會想要請求得到保護。假使你的人生中有某人特別負面，現在是請求幫助這個人的好時機。

將目光移到魔鏡的外緣，停留在那裡，而且承諾於用魔法顯化這筆現金。讓你的身體真正感受到你對這個選擇的決心。

接下來，回到圓圈的中心，只聚焦在這位天使的名字的字母。這麼做的時候，想像你的意圖已經顯化了。想像這筆現金在你手中，使你感到快樂、被愛、得到支持。

允許自己感覺到愛的擴展和非凡的感激之情。讓自己感受到這份感覺：這筆財富以某種方式啟發你為你的家庭、社群、世界提供更多的服務。

最後一步是，將你的財富意圖牢記在心，深吸一大口氣，將你的願景和意圖「吹」進你的未來十年。想像此刻就是距今十年後，你擁有的財富已經遠遠超出今天請求得到的財富。讓你的身體實際體驗到擁有比你目前所需更多的金錢是什麼感覺。回顧今天的自己，彷彿今天是過去的日子，對你已經走了好長一段路感到崇敬。

感覺好像這項工作完成了，然後你可以感謝天使維烏利亞，請求祂們平靜地離開，也請求祂們在你的旅程沿途繼續支持你。等待，直至你感應到維烏利亞聽見了你的請求且已經離開，準備為你運作。

＊＊＊

拿起你的魔法書，在上面寫下「第六天」，寫下你正在顯化的金額，而且把它圈起來。然後安靜地坐著，記下為你浮現的任何想法和感受。

好吧！現在你完成了第六天儀式，請睜大眼睛，豎起耳朵，留意你的財富魔法正在運作的跡象。

願你得到你請求得到的所有財富，甚至更多。

明天是第七天，明天見。

第7天

哈拉切爾

智性的豐盛與存取知識

讓我們面對現實吧，經過數十年的努力工作並設法兼顧所有責任之後，實在很容易失去創造力。工作和家庭的磨礪可能會削弱你的靈感，剝奪你與內在創意空間的連結——那個創意空間擁有你需要的所有解決方案，甚至更多。你是否聽過這句箴言：「你需要的一切已經在你內在」或「你尋求的東西就在你之內」？噢，今天的儀式就是要連結你與你內在蘊藏的智慧和創造天賦。

許多白手起家的富人已經磨練了他們的能力，懂得如何利用開箱即用的創意。他們開始設想日常辛勤工作及安於現狀之外的生活，而且在某一時刻，他們不再等待別人給予他們的每年百分之三加薪。他們反而遵循一或多個得到靈感啟發的點子，而且就跟魔法師一樣，運用他們的智力為自己塑造全新的現實。這是真正的生活藝術。

就好像藝術家很自由，可以不受限制地完成他們的藝術，你也一樣。你的最佳魔法始終始於你的強大想像和智力——這使我想到我們的下一位天使財富資產——哈拉切爾（Harachel）。哈拉切爾據悉可以用宛如噴泉般湧現的靈感滿溢召喚祂們的魔法師。祂們可以提升你的聰慧以及擴展你的視野，藉此幫助你顯化現金，同時帶領你發現有創意的策略，使你的財富夢想成真。

這位天使也可以幫助你在以心為中心的工作中取得成功，同時增強你在家庭內和社會或工作圈中的影響範疇，包括在談到創造你的下一階段財富時，所有生動有趣的東西。

因此，事不宜遲，讓我們為這段祈請做好準備；好好歡迎哈拉切爾！

＊＊＊

第七天祈請

一切萬有的造物主、財富的天使和盟友、天使哈拉切爾，我請求祢們解開我的神性智慧，幫助我清楚地辨認我最美好且最高階的想法，那些將會帶領我達到深度的喜樂、財富、服務。幫助我成為真正的生活藝術家，打造超越我最狂野的期待和夢想的人生。我感謝祢們聽見我的請求。

＊＊＊

接下來，你可以聆聽我提供給你的第七天免費引導式冥想音樂，也可以自己完成以下冥想。

冥想音樂取得位置：www.AngelWealthMagic.com/Resources

***

第七天冥想

閉上眼睛，讓自己歸於中心，想像、感覺到，或感應到一條大鏈子裹住你的腦袋，還有鎖將它固定在適當的位置。等待，直至你真正感應到這點為止。說三遍哈拉切爾的名字，當祂們靠近你的時候，想像祂們解開這條鎖鏈，於是鎖鏈脫落，離開你。務必與你的呼吸連結；隨著鏈條脫落，做幾下深呼吸。

接下來，注意哈拉切爾手中拿著一本偉大鉅著，那本書似乎被其內的金光照亮了。你感應到這本書內含你保持喜樂、熱愛人生、變得富裕、成為真正的生活藝術家將會需要的所有好點子。這是一本神性靈感之書，也是造物主對你的人生的旨意。

想像這位天使用這本厚重的鉅著觸碰你的眉毛。准許哈拉切爾運用在這本書內找到的源源不絕的靈感、智慧、天賦盈滿你，使你的智力和創造力可以擴展，允許你達到下一層級的財富。

接受這份贈禮，彷彿你正在暢飲這份神性的智慧和創造力。讓自己感覺到、感應到或知道——你正在運用這股神性光輝的能量填滿你自己。

現在花些時間與哈拉切爾談談你在人生中的哪些方面，需要變得更有創意、更有靈感、更加聰明。讓祂們看見你的人生中需要這類幫助的所有領域。

接下來，想像你的內在有一座美麗的花園，現在到處是剛剛發芽的芳香植物，它們代表驚人的想法。感覺到在那一刻，你擁有需要可以使你的最大夢想化為真實的一切，這些夢想將會至少衍生出你需要的所有財富，甚至更多。慢慢來，直至你在智力層面、情感層面乃至身體層面真正感覺到這點為止。

感謝哈拉切爾聽見你的心聲，請求祂們幫助你不斷產生你所需要的神性智慧，才能積累非凡的財富。讓祂們知道祂們可以平靜地離開，而且等待，直至你感覺到、感應到或知道祂們離開了。

***

拿起你的魔法書，在上面寫下「第七天」，寫下你正在顯化的金額，而且把它圈起來。然後安靜地坐著，記下為你浮現的任何想法和感受。

好極了！現在你完成了第七天儀式，請睜大眼睛，豎起耳朵，留意你的財富魔法正在運作的跡象。

願你得到你請求得到的所有財富，甚至更多。

明天是第八天，明天見。

第8天

維胡亞與穆密亞

意志力與領導力

現在你的天使們正在下工夫，幫助你實現宏大、美好、致富的想法，該是採取下一步的時候了，該要談談大多數富人似乎擁有的幾個關鍵特質：意志力與領導力。

一旦富人接收到某個宏偉的想法，他們會怎麼處置呢？噢，很顯然，他們不只是坐著祈禱耶穌或天使們前來拯救他們。誠如我們在本書前面談過的，他們知道他們正是唯一可以帶領這場演出的人。他們將自己史詩般的夢想和宏大的想法放在首位，而且他們明白，若要領導和啟發他人，他們首先必須善於領導自己。

老實說，多數人並不總是展現出高度的意志力，而且一旦談到投資自己的夢想，還可能會古怪瘋癲。家庭、孩子、關係、只是致力於我們的日常職責，都可能會使我們失去動力。而且當然，鬼鬼祟祟的內在妖魔根本無濟於事。難怪人們很容易擱置自己的夢想，同時人生的馬戲團不斷將人們困在現狀之中。

噢，保持現狀，門兒都沒有！

這使我想到我們今天的甜美天使維胡亞（Vehuiah）與穆密亞（Mumiah）。祂們今天聯手幫助你將意志力和領導力提升到下一層級。這兩位天使可以一起幫助你保持堅定的決心，增強你的個人紀律，並賦予你力量、專注、韌性，使你的夢想成真。

維胡亞喜愛與領導者合作，幫助他們了解自己的力量，發自內心領導，因為他們的所有努力而變得更加成功。據說複誦這位天使的名字可以啟動你的真正神性意志以及你的人生目標的能量，也可以使你與你獨一無二的領導和成功品牌連成一氣。祂們也可以幫助你使你正在努力的任何企畫案變得更加成功。

假使你需要更大的決心才能採取行動，實現你宜人的財富想法，那麼天使穆密亞為你而在。假使你時常發現自己感覺缺乏動機，這位天使可以賜予你勇氣、意志力，尤其是將這些夢想轉變成現實的膽量。而且要明白這點：穆密亞不僅幫忙解決我剛才提到的所有事宜，祂們還可以幫忙保護你和你的企畫案免於可能想要引誘你放棄承諾的負面能量或影響。

準備好會見這兩位天使界的大佬了嗎？請大聲說出下述祈請。

* * *

第八天祈請

親愛的造物主、財富的天使和盟友、維胡亞、穆密亞，我請求祢們靠近我，幫助我履行我的「真實意志」。我請求與我最高層級的領導和成功合拍合調。請賜予我力量、勇氣、膽量、專注，創造最富裕且最快樂的人生。幫助我將我的宏大想法轉變成現實，使我擺脫不知所措、迷茫困惑，以及阻礙我前進的其他任何事物。而且幫助我以意志力和決心踏上這條愛的道路，使我完成我喜悅而自在地開始的事物。我感謝祢們今天來到我身邊。

＊＊＊

接下來，你可以聆聽我提供給你的第八天免費引導式冥想音樂，也可以自己完成以下冥想。

冥想音樂存取位置：www.AngelWealthMagic.com/Resources

＊＊＊

第八天冥想

首先，注意你的身體感覺如何。你是否感到枯竭或疲倦、受阻或緊張？然後注意你的頭腦的品質。它忙碌嗎？很難安頓下來嗎？只是注意，不執著或評斷。花點兒時間觀察當下此刻你的表現如何。

接下來，我希望你允許自己感覺一下你對下一層級的財富有何渴望。假使你往往答應自己卻說話不算話，那麼你甚至可能會深感失望。請記住，在魔法中，你的負面情緒與你的正向情緒一樣有價值，因此請始終在不評斷的情況下將完整的自我帶到這個過程。在你允許自己好好感受你對於自己的財富意圖、夢想或宏大想法的情緒之後，你便準備好迎接下一步了。

大聲說出維胡亞的名字，藉此開始召請維胡亞。不只說三遍，而是一遍又一遍地說，像唸咒一樣。假使這幫助你保持更加專注且感受到更多的情感，你甚至可以唱出這個名字。（天使們確實喜愛偶爾有人唱出祂們的名字喔！）

當你一遍又一遍地複誦維胡亞的名字時，我希望你想像一下，聲音和相關聯的振動開始移動穿透你的身體，從頭頂向下移動到腳趾尖，滲透你的器官的細胞、你的骨頭、你的全身。

邀請維胡亞以及祂們美麗的品質來到你內在的生活，感覺到、感應到或知道這位天使活在你之內。

接下來，請求維胡亞大大提升與你的夢想和你的財富意圖相關的能量、自信、專注力。請求得到那股力量，可以履行你的神性意志以及造物主對你的計畫。請求維胡亞幫你擺脫任何古怪瘋癲，改而賜予你自主自決和自我領導。為了你自己的緣故以及得益於你的領導的任何其他人，請求祂們幫助你成為更強大的領導者。

現在做出抉擇，變得自主自決，成為強大的自我領導者，同時一勞永逸地放下答應自己卻說話不算話。我希望你感覺到在自己體內做出這個決定，而且等待，直至你感知到這個改變為止。

接下來，聯繫穆密亞的時候到了。請求這位天使來到你身邊。你要不斷唸著穆密亞的名字，直至你感覺到、感應到或知道這個臨在與你同在為止。現在邀請這股能量在你的內在以及你身體的每一個細胞內活躍起來。我們要請求穆密亞幫助你完成那些對你很重要的企畫案。請求祂們把你釋放出來，擺脫不知所措以及阻礙你落實內心最大渴望的任何干擾。

花點兒時間，直至你感覺到你的意圖已經被理解為止，而且允許自己感覺到、感應到或知道穆密亞已經聽見了你的心聲。

最後，感謝這兩位令人驚喜的天使的到來，允許自己體驗到下一層級的領導力對你來說感覺像什麼。要知道，你注定與一路上遇見的所有這些令人驚喜的天使和盟友一起成功。

＊＊＊

現在拿起你的魔法書，在上面寫下「第八天」，寫下你正在顯化的金額，而且把它圈起來。然後安靜地坐著，記下為你浮現的任何想法和感受。

現在你完成了第八天儀式，請睜大眼睛，豎起耳朵，留意你的財富魔法正在運作的跡象。

願你得到你請求得到的所有財富，甚至更多。

明天是第九天，明天見。

第9天
耶亞耶爾與洛威亞

聲譽與名望

歡迎回到你的驚人財富儀式！現在你擁有體現意志堅定、得到神性指引的領導者的品質所需要的能力，今天我要介紹你認識聲譽、名望、財富、成功的雙重力量。

現在，只是聽見「聲譽」與「名望」兩個詞，可能就會在你內在引發一些抗拒。事實上，獲得名望與聲譽可能甚至不在你的人生目標清單上的前一百名。不過，一定程度的名望也意謂著你具有某種影響力，而影響力是幫助富人變得更富有的特徵之一。

在我進一步討論之前，我想要確認，為了積累財富，你不必成為名人，甚至不必出名。不過，天使們正在向你發出邀請，希望你敞開來接納這個可能性。名人，很簡單，就是被讚美的人。你不想要得到家人的推崇和讚美嗎？得到同儕、客戶、同事、老闆、可能想要為你的偉大創意提供資金的天使投資客或風險資本家的推崇和讚美嗎？

你即將會見的天使可以在個人和專業方面提升你的整體聲譽。這可以打開大門，迎向在你的圈子內發揮更大的影響力，取得更多的資源，以及由於你的本性和你的作為而感到更加被愛、受尊重、得讚賞。

聽起來生動有趣嗎？好，我們來會見一下祂們。

首先，允許我介紹一下耶亞耶爾（Yeyayel）。這位天使帶來成功、聲譽、名望，所有這一切全都集結成一體。耶亞耶爾可以提升你的聲譽、改善你的領導觀念，假使你害羞內向，還可以幫助你變得更加自信，懂得如何統帥指揮。

下一位是天使洛威亞（Lauviah）。洛威亞可以幫助大大提升你、你的想法、你的事業的魅力，使你可以吸引類型適合的機會和人們。祂們也可以幫助你吸引更多的客戶或更廣泛的受眾，只要你的事業可以從中受益。

因此，讓我們準備好祈請這兩位超厲害的天使。

第九天祈請

親愛的造物主、財富的天使和盟友、耶亞耶爾、洛威亞，我請求祢們為我帶來符合我的最高和最佳潛力的成功、財富、聲譽、名望。

為我帶來尊重且讚美我和我的工作的合適人選，讓我可以提供更讚的服務。使我擺脫任何阻礙我感覺更加受到尊重和讚美的障礙。我感謝祢們來到我身邊。

＊＊＊

接下來，你可以聆聽我提供給你的第九天免費引導式冥想音樂，也可以自己完成以下冥想。

冥想音樂取得位置：www.AngelWealthMagic.com/Resources

＊＊＊

第九天冥想

閉上眼睛，讓自己歸於中心，安靜地坐著，說三遍耶亞耶爾與洛威亞的名字，想像其中一位天使站在你的右側，另一位站在你的左側。

這兩位天使帶給你的訊息是：「憶起你的本性。你有權像公雞守衛牠的地盤一樣自豪地度過一生。親愛的，要自豪地前行，敞開心扉，接納你的真實力量。」

允許與這兩位天使的親切感升起，彷彿祂們是親愛的老朋友。跟祂們兩位談談你心中的任何恐懼或對金錢的擔憂。請求祂們將你從這些憂慮中釋放出來，幫助你在通向達成更大財富的最佳路徑上找到平靜。請求祂們幫助你在生活和工作中感覺得到讚美和尊重。允許這樣的對話繼續，直至感覺好像你的心聲被聽見了為止。

深呼吸，想像這兩位天使清除掉你的內心、頭腦、身體的陳舊垃圾。隨著每次呼氣，釋放掉你對於讓自己發光、在人群中脫穎而出，乃至被別人看見的抗拒。

允許這兩位美麗的天使用成功和名望的光芒填滿你。在你的身體內看見、感覺到、或感應到。要具體化現這種光芒，允許自己體驗到真正因為你的本性以及你完成的工作而受到他人尊重和讚美是什麼感覺。

感謝這些天使級的幫手協助你，平靜地釋放祂們，知道祂們正在幕後為你運作。等待，直至你感覺到、感應到或知道祂們已經離開了為止。

現在，輕輕地完全返回到你的身體以及返回到你周圍的空間。

＊＊＊

請記住，你跟其他人擁有同樣多的權利，可以因為你本是的一切而被愛、受尊重、得讚美。要讓這些天使幫忙你。

現在拿起你的魔法書，在上面寫下「第九天」，寫下你正在顯化的金額，而且把它圈起來。然後安靜地坐著，寫下為你浮現的任何想法和感受。

現在你完成了第九天儀式，請睜大眼睛，豎起耳朵，留意你的財富魔法正在運作的跡象。

願你得到你請求得到的所有財富，甚至更多。

明天是第十天，明天見。

第10天

荷達迪亞與賽克希亞

大幅顯化與大筆金錢

歡迎來到第十天！

過去九天中，你一直努力敞開你的內在生活，接納吸引財富和致富的態度。而且你真正在學習如何爭取各種令人驚喜的天使和盟友的幫助，使你的夢想化為現實。

由於今天幾乎接近這趟探險的尾聲，我們將會宛如推動火箭般大力推動你的財富意圖，使你能夠更純粹地顯化已經陳述的渴望。今天，我們將會結合荷達迪亞（Hodahdiah）令人敬畏的顯化力量與豐盛天使賽克希亞（Sekeshiah）的力量。

荷達迪亞代表多種天使力量集結成一體的體驗。這位天使將會轉移你內在的能量，藉此使你的意圖更有可能顯化。這種轉移將有助於滋養你的內在實相花園，使你的財富意圖可以真正茁壯成長。這位天使不只賜予你顯化的力量；還為你提供超級神奇的顯化力量。

賽克希亞跟荷達迪亞一樣，結合許多天使的力量，而且祂們放大並倍增你的財富花園的豐饒度。這位天使讓你知道一切安然無恙，以及你將會毫不費力地得到達致下一層級所需要的一切。祂們可以幫助你成為現金磁鐵，去除掉你對金錢的恐懼。祂們可以幫助你敞開來，接納始終在你周遭的無限豐盛之流，也幫助你同意領受更多的豐盛。當你與這位天使合作時，祝福便流向你，於是你一定能夠毫不費力地領受這些祝福。

準備好與這些超級天使合作了嗎？很好，那就讓我們召請祂們吧。

請大聲說出下述祈請。

＊＊＊

第十天祈請

親愛的造物主、財富的天使和盟友、荷達迪亞和賽克希亞，我請求祢們的幫助，使我的人生成為更加肥沃的遊樂場，可以顯化豐盛。幫助我釋放任何干擾這類流動的信念，也幫助我的人生在各個層面都洋溢著豐盛。讓我看見輕易地顯化真正豐盛的奇蹟。我感謝祢們聽見我的請求。

＊＊＊

接下來，你可以聆聽我提供給你的第十天免費引導式指導音樂，也可以自己完成以下冥想。

冥想音樂取得位置：www.AngelWealthMagic.com/Resources

* * *

第十天冥想

好好辨認你感覺有負擔且疲累的身體部位。花些時間，讓你的身體向你展示你一直在人生中多麼努力地工作。你一直為你的健康、為愛和尊重、為你的家人和好友，乃至為你已經擁有的現金而奮戰。要放輕鬆，允許你的身體向你展示所有這類辛勤工作和疲累住在你內在的什麼位置。

說三遍荷達迪亞與賽克希亞的名字，感應到祂們已經進入房間，與你同在。

花點兒時間分享一下你對一直苦苦掙扎的任何事物感到多麼厭倦。好好傾訴你的心聲，誠實地面對祂們。

請求祂們帶走這類掙扎。甚至乞求祂們。而且請求祂們以你渴望的順流和輕易替代掉所有這類掙扎。

現在我有一則來自荷達迪亞與賽克希亞的訊息要分享。允許自己好好感覺這則訊息的真實性：「顯化你下一層級的財富無須感覺好像做苦工。它可以是喜樂的，隨著自在與完美的時機流動。」這是祂們今天帶給你的禮物。你接受嗎？

現在時候到了，該要做出強而有力的抉擇：澈底且宛如奇蹟地顯化豐盛的抉擇。大聲說出：「我選擇變得富有。」好好感受你做出的抉擇，而且要真心實意。讓自己敞開來接納在你之內的順流與自在的能量，感覺與神性共同創造這筆財富實在很簡單。

允許這兩位非凡的天使為你注入更多豐盛的能量。想像祂們運用隨著顯化真實財富而來的順流與自在填滿你人生的各個領域。在這些財富盟友的幫助之下，見證、感應、感覺到你自己、你的人生、你的銀行帳戶在豐盛中擴展。

當你感覺好像這個過程完成了且逐漸得到更多財富和豐盛的氛圍時，就感謝這些天使且感應到你重新承諾於允許所有最美好的事情流暢而輕易地發生在你身上。你可以讓這些天使平靜地離開，然後回到房間和你的身體。

＊＊＊

現在拿起你的魔法書，在上面寫下「第十天」，寫下你正在顯化的金額，而且把它圈起來。然後安靜地坐著，寫下為你浮現的任何想法和感受。

太讚了！現在你完成了第十天儀式，請睜大眼睛，豎起耳朵，留意你的財富魔法正在運作的跡象。願你得到你請求得到的所有財富，甚至更多。

明天是這個財富儀式的最後一天，第十一天，明天見喔！

第11天
歐瑪艾爾、朱彼特、卡赫特爾

放大收穫且使收穫倍增

歡迎來到這個財富儀式的最後一天！

在過去十天中，我們涵蓋了許多基礎，幫助你建立正確的思想和心理狀態，以培育你的內在財富花園。天使們已經幫你清除了雜草、滋養了你的意圖，使你為這個儀式播下的財富種子可以真正成長。

今天，我們不是與一位、兩位而是與三位盟友合作，幫助你實現和提升你的魔法財富意圖。我迫不及待地要你會見這三位令人敬畏的財富盟友……因為祂們個別而言都很強大，但是當你與祂們三位一起合作時，那可真是三重享受。

你準備好了嗎？

我們先來會見一下歐瑪艾爾（Omael）。單是這位天使便代表我們在自己的旅程上已經共同努力過的眾多意圖和品質。歐瑪艾爾幫助你在面對逆境和穿越感知到的失敗時保持美好樂觀。祂們也賜予你意志力，讓你完成已經開始的事以及避免分心，即使在事物紛亂嘈雜的時候。祂們幫助你恢復療癒，揮別過去的糟糕體驗（那些體驗可能會干擾你在人生中大膽前進的能力）。除了所有這些之外，這位天使傳統上一直以幫助你「實現」你的意圖而聞名，將你的意圖從簡單的思想形式逐步化為物質實相。現在，關於這位天使，很酷的是，祂們不僅幫助你實現你的意圖；祂們還會幫助你「放大」那些意圖。倍增你的收穫並沒有什麼錯，對吧？尤其是談到建立長期、永續，乃至世代相傳的財富時。

現在來會見一下我們的意外賓客：朱彼特。天哪！朱彼特並不是天使，而我其實很震驚朱彼特出現在這個儀式中，但是當我與祂坐在一起時，我可以看見聖靈在這個令人讚歎的財富的最後一天，為你儲備了這位絕對的天才。在我們的太陽系中，木星（Jupiter）是最大的行星，而在占星學中，它代表成長、擴展、繁榮、福氣、幸運乃至奇蹟的能量。如此完美的品質可以支持你的驚人財富意圖啊！

彷彿這兩位盟友還不夠似的，我希望你會見一下卡赫特爾（Cahetel）。卡赫特爾不僅有助於顯化你的心願和意圖，而且有助於顯化上帝或造物主對你的旨意。有時候，我們認為自己想要的事物不同於我們在更深層次真正想要的事物，而且這位天使可以幫助你的意圖與「神性的旨意」完全契合。祂們還可以使你擺脫阻礙成功的內在妖魔。最後但同樣重要的是，祂們可以確保你從所有的辛勤工作中獲得有可能最大的收穫。

在你的財富魔法儀式的最後一天，這三位將編織出不可思議的魔法財富力量啊！記得要召集你自己最生動有趣的力量，好好完善今天的儀式。要祈求與你的意圖相關的情緒出現，記住你的「原因」，真正地全力以赴，為這個儀式帶來一些能量。

準備好了嗎？

請大聲說出以下祈請，迎進那份令人驚歎的力量。

＊＊＊

第十一天祈請

親愛的造物主、財富的天使和盟友、歐瑪艾爾、朱彼特、卡赫特爾，我請求祢們顯化我的財富意圖。請迅速、輕易地把它帶給我。幫助我領受有可能最大且最好的收穫。我已經準備好要領受神性提供給我的一切美好。我請求所有這一切在至高者的指導底下且按照神性的旨意完成。我感謝祢們的協助。

＊＊＊

接下來，你可以聆聽我為第十一天提供給你的免費引導式冥想音樂，也可以自己完成以下冥想。

冥想音樂取得位置：www.AngelWealthMagic.com/Resources

＊＊＊

第十一天冥想

在我們的最後一天，我希望你將兩手手掌相向，想像一顆籃球大小的光球開始在你的雙手之間形成。接下來，我希望你將你對這個儀式的意圖投射到這顆球的中心。將圍繞著你的意圖的所有熱情、渴望、情緒都投入其中，彷彿你正在運用你的意圖為這顆球充氣。你可能有辦法感覺到這股能量在你的雙手之間形成。慢慢來，如果你喜歡，甚至可以對著這顆籃球大小的光球說出你的意圖和祈禱。等待，直至你感覺好像這顆光球洋溢著所有財富的美好為止。

接下來，閉上眼睛，召喚歐瑪艾爾、朱彼特、卡赫特爾出現在你面前。假使你希望這番體驗變得更強烈，請將每一位的名字說三遍：「歐瑪艾爾，歐瑪艾爾，歐瑪艾爾；朱彼特，朱彼特，朱彼特；卡赫特爾，卡赫特爾，卡赫特爾。」感謝祂們的到來，請求祂們透過（你猜對了）愛的莫大力量放大和倍增這些意圖。

一旦你感覺到歐瑪艾爾、朱彼特、卡赫特爾聽見了你的請求，我希望你深吸一大口氣，把那顆滿是你的財富意圖的光球扔過去給這些重量級天使。見證到、感覺到、感應到、知道祂們收到了，而且很高興地從你手中帶走，使祂們可以開始為你運作。

感謝祂們並向宇宙釋放這三位天使和你的意圖。讓自己感覺到這事的真實性。

既然你已將所有這一切偉大工作投入你的財富儀式中，要知道它掌握在造物主手裡。讓你的頭腦和身體好好感覺得到所有這些無形盟友支持的慰藉感。

請記住，在過去十一天中，你召集了精英中的精英，為你施展祂們的財富魔法。所以現在，你只剩下一件事要做，而且這一步可能比其他所有步驟更重要。該是你狂歡慶祝的時候了！你做到了！你的天使和盟友們也與你一起歡慶啊！

＊＊＊

結束這個儀式時，請拿出你的魔法書並寫下「第十一天」。記下你在這一天感覺到、感應到或體驗到的一切，然後在魔法書中寫一封情書給你的天使和盟友們。感謝祂們為你帶來新的洞見、靈感、療癒以及你已經擁有的顯化，而且這一天從早到晚不斷感謝祂們。要知道，在過去十一天中，你的意圖不只被聽見了——它們還會被傳遞且成倍增加。

今天，你可能想要創建自己的結束儀式，獻上特殊的感恩給你在這個歷程中會見的所有財富盟友。要與天使們一起慶祝，慶祝即將來到你面前的所有禮物。

過去十一天做得很讚喔！我希望你享受這趟旅程。而且這個儀式只是開始。要持續選擇健康、富有的心態以及健康、富有的習性，而且留神觀察你的收穫在未來幾年內成倍增加。

宛如奇蹟的財富魔法朝你而來了啊！

結語——

財富魔法尾聲

如何在人生的各個領域不斷擴展你的財富魔法？

既然你已經正式聘請了財富的天使和盟友前來幫助你顯化更多的現金，感覺如何呢？你可能已經擁有某些相當驚人的結果，又或許你還在等待。無論是哪一種，藉由運作本書中的流程，你已經啟動了強大的力量幫助你吸引新的財富契機。

在運作的這個階段，你最好反思一下迄今為止取得的任何成果。關於你自己的內心以及關於你的人生，你感到更加平靜嗎？你比較不擔心金錢或你的未來嗎？你對你的人生有更多的感恩嗎？還是感覺比較得到生命的支持呢？有沒有一些很酷的事為你而發生呢？有時候，成功的財富魔法在最初階段的最佳結果是心理和情緒的轉變。這些類型的成功有時候可能很容易錯過，所以放慢腳步，注意哪怕是最小的轉變。你可能沒有覺察到任何明顯的進展，又或許你已經奇蹟似地顯化了現金。無論是哪一種，這段反思時間允許你的魔法增長，而且將會幫助你微調你的覺知。

現在，檢查一下，看看以下這些問題是否屬實：

- 你覺得自己的未來更有希望嗎？
- 你對金錢的焦慮程度降低了嗎？
- 你對自己有更多一些的自信嗎？
- 你感覺更加承諾於取得更多的財富嗎？

• 你對現金的愛更多一些了嗎？

• 你對你的人生和你的潛力的看法是正向一些還是正向許多？

• 你是否覺得在人生中擁有更多比較值得些？

我的希望是，你至少注意到某個小小的正向轉變。但是即使你對上述每一個問題的回答都是否定的，也沒關係。你可以隨心所欲地重複這個儀式流程。

在我們結束彼此的共度時光之前，我還想送上額外的支持。讓你的人生與永續的財富契合相映需要耐心，而且那是不斷進步的工作。你在本書中發現的優美財富魔法運作只是開始。以下是如何使你的財富花園無限增長的幾個訣竅：

• **跟隨喜樂**。你的出生很可能是因為某次性高潮，所以為何不過著性高潮的生活呢？你找到深層目標的路徑與點亮你、為你帶來喜樂的部分人生是緊密相連的。有鑑於此，我邀請你好好考慮創造下一層級的財富。做著絕對令人讚歎的工作，藉此健康地賺錢謀生，那會多麼好玩啊？（劇透警告：那好玩極了）所以，讓你的內心和頭腦與這樣的可能性共舞：做著工作，為你熱愛的其他人創建產品，於是這事感覺起來一點兒也不像「工作」。

- **持續與天使們建立關係**。要承諾於與天使、聖靈、其他超讚的無形盟友建立關係。祂們為你而在，可以不僅幫助你獲得財富，而且幫助你根本地解決任何問題。時常跟祂們聊聊。記住祂們現在與你同在，不斷跟祂們說話。你絕不孤單，而且你越常與祂們交流，就會越體驗到這是真理。
- **全力以赴，關於創造財富，不要半途而廢**。要全心全意地承諾於財富。請記住，天使們無法為你完成繁重的提升工作。有時候，你將會得到指引，要做出漸進式的小小轉變，而有時候，你的指引將會要求大膽、勇敢（甚至是敢於冒險）的行動，才能使你的人生與你的最高潛能連成一氣。要允許自己對這些衝動說「是」，而且在這條通往財富的旅程上靈活地前進。

- **承諾於培養富裕的心態**。我在第五章針對這點提供了許多想法；無論如何，這點值得再次提及。永續的財富始於內在。要注意你在哪些領域仍然需要改進，而且不斷請求天使們幫助你創造有益於非凡財富的心態。
- **封鎖內在的妖魔**。對於妖魔，要以其魔之道還治其魔之身。好好關注你頭腦中的對話，而且當你逮到自己試圖用負面想法嚴厲挑戰自己的預感時，要知道這其實是騙子在耍花招。不要讓內在的妖魔阻擋你。
- **聆聽內在甜美、柔和的聲音**。你自己的直覺是你最偉大的盟友之一。要培養你的直覺，學會信任它。上課或參加工作坊或閉關靜修可以幫助你培養這份連結。單是這個訣竅就可以點燃你下一層級的人生。
- **找到可以啟發你的社群**。誠如我在本書前面稍微提過的，建立由富有和心態成功的人們構成的網絡是非常強而有力的。要讓自己的身邊都是不可思議且善於支持的人們。假使你在本地找不到志同道合的人，外面的世界很廣闊。如果需要，請尋找令人驚喜的線上社群。你可以在我的網站 CorinGrillo.com 找到一些這樣的社群。

- **抱持感恩之心，經常往好處想。**一顆感恩的心使人善於領受豐盛。要睜開眼睛，看看時時刻刻在你身邊的良藥和祝福，於是你將會開始讓自己與大自然本身的豐盛之流契合相映。

最後，我覺得有必要分享一下，我知道人生有時候可能很寂寞，而且很容易感到迷茫、困惑、被遺忘。事實上，你現在可能已經囊中羞澀到疼痛的地步，但是我希望你知道，情況可以好轉，可以比原本好上許多。你絕對沒有被遺忘，即使有時候感覺好像你已經被遺忘。我希望這本書帶給你新的希望感，讓你對今生的可能性充滿希望。請不斷敞開你的心扉、你的頭腦、你的人生，接納所有美好的事物以及天使們。而且請記住，你並不孤單。

我衷心希望，這只是你與天使們共享的優美探險的開始。願你得到你請求得到的一切，甚至更多，願你在此開始的修煉使你更接近你的內心、更接近你的人生目的。宇宙正在共謀策劃，要為你帶來財富以及生命提供的所有美好事物。請張開雙臂，讓它進來。

乘著天使們的翅膀，我們一起翱翔，再也不孤單無依。

致謝

這本書的靈感來自於我的人類老師以及我的無形盟友們共同激發的良藥。

感謝我的丈夫（大熊）及孩子們——對我最為意義重大的莫過於你們每一個給予我的無限支持，使我保持可靠而真實。感謝你們總是允許我完整地展現我的怪胎本性，並在事情失衡的時候喚醒我。感謝你們啟發我一路走來成為最好的媽媽以及最快樂的自己。

感謝科里・伊頓（Corey Eaton）——感謝你逗我開心，感謝你挑戰我，感謝你愛我，感謝你為我帶來你的優質「狼性」藥物和力量，尤其感謝你在我太過認真看待生命因而可能有危險的時候，當頭棒喝敲醒我。這是最佳良藥。

感謝我的第一位編輯瑪雅・德萊弗（Maia Driver），感謝你像頂頭上司一樣對付我所有層層推進的螺旋式寫法，破譯我試圖要說的話，為這些章節提供堅實的框架。你實在太厲害了。

感謝「新世界出版社」（New World Library）的團隊——我好愛你們啊。我感受到你們對我的信任。我敬重你們，因為你們相信這位來自貧窮地區的棕膚女子，也因為當許多棕色聲音在地球上的靈性空間受到壓制時，你們卻看見我的價值。你們全都待我十分友善、尊重、慷慨，我永遠感激能有這次機會。

感謝我的父親帕斯瓜爾．卡塔赫納（Pascual S. Cartagena），也感謝我的繼母盧佩（Lupe）：家人團聚對我來說就是全世界。光是那麼多家人就令我們更為強大。爸，感謝你讓我堅強起來，使我做好面對世界的準備。感謝你始終讓我就是我，也感謝你讓我在成長歷程中對金錢有所覺知。我總是感覺到你不斷為我加油。

感謝我的兄弟姊妹諾妮（Noni）與科林（Corrinne）——透過你們倆，我看見我自己。我非常感激你們倆極度的愛與支持。你們給予我做自己的力量，因為我知道，我唯一要做的是說出「關鍵詞」，於是一群波多黎各／墨西哥狼就會帶著你們的兇悍圈住我。

感謝我的祖先和天使們：我感覺到祢們的力量生動地流經我。感謝祢們服務和保護我與我的家人。感謝祢們展現所有那些奇蹟。請與其他人分享這份贈禮。

「加州兀鷹聖靈」（California Condor Spirit）：感謝祢在我們位於沙斯塔山（Mount Shasta）附近的靜修中心「兀鷹之家」（Casa Condor）提供最新、最有深度的教誨。以及讓我看見，揭示內在財富是我對其他人的最大貢獻之一。感謝祢讓我看見更多我的本性、更多我的力量、更多我該如何在更深的層次為他人服務。

國家圖書館出版品預行編目（CIP）資料

天使招財魔法：11 天建立與金錢的靈性關係，17 個練習化身金錢磁鐵 / 科琳．葛利羅（Corin Grillo）著；非語譯 -- 初版 . -- 新北市：橡實文化出版：大雁出版基地發行，2024.01
面；　公分
譯自：Angel wealth magic : simple steps to hire the divine & unlock your miraculous financial flow
ISBN 978-626-7313-76-3（平裝）

1.CST: 改運法　2.CST: 天使　3.CST: 財富

295.7　　112019725

BC1126

天使招財魔法：
11 天建立與金錢的靈性關係，17 個練習化身金錢磁鐵
Angel Wealth Magic: Simple Steps to Hire the Divine & Unlock Your Miraculous Financial Flow

作　　者　科琳．葛利羅（Corin Grillo）
譯　　者　非語
責任編輯　田哲榮
協力編輯　朗慧
封面設計　斐類設計
內頁構成　歐陽碧智
校　　對　吳小微

發 行 人　蘇拾平
總 編 輯　于芝峰
副總編輯　田哲榮
業務發行　王綬晨、邱紹溢、劉文雅
行銷企劃　陳詩婷
出　　版　橡實文化 ACORN Publishing
地址：231030 新北市新店區北新路三段 207-3 號 5 樓
電話：02-8913-1005　傳真：02-8913-1056
網址：www.acornbooks.com.tw
E-mail 信箱：acorn@andbooks.com.tw
發　　行　大雁出版基地
地址：231030 新北市新店區北新路三段 207-3 號 5 樓
電話：02-8913-1005　傳真：02-8913-1056
讀者服務信箱：andbooks@andbooks.com.tw
劃撥帳號：19983379　戶名：大雁文化事業股份有限公司

印　　刷　中原造像股份有限公司
初版一刷　2024 年 1 月
定　　價　450 元
I S B N　978-626-7313-76-3